Birgit Zebothsen

Schlemmen in der Schwangerschaft

midena

INHALT

Inhalt

INHALT

Grundlagen

Die Schwangerschaft ist eine ganz besondere Zeit. Die Schwangere spürt, dass sich ihr Körper verändert. Nicht nur für sich selbst, sondern auch für ihr Kind will sie jetzt das Beste tun. Eine gesunde und abwechslungsreiche Ernährung trägt dazu bei, dass die Frauen sich wohl fühlen und das Kind sich optimal entwickelt.

Schlemmen trotz Schwangerschaft?

Schlemmen ist sicherlich kein Begriff, den Sie bisher mit den Ernährungsvorschriften für die Schwangerschaft verbunden haben. Klar, jede Schwangere nimmt sich vor, sich ausgewogen zu ernähren, noch mehr auf die richtige Nahrung und gesunde Getränke zu achten, sich diese paar Monate diszipliniert und nach strengen Regeln zu ernähren. Und nun die Ermunterung zum Schlemmen? Wie kann das sein?

Mein Baby wird gesund und schlau

Vergessen Sie ganz schnell fast alles, was Ihnen bisher an guten (und schlechten) Ratschlägen mit auf den Weg gegeben worden ist. Dieses Buch will weder an Ihren üblichen Ernährungsgewohnheiten herummäkeln noch Schuldgefühle wecken, sondern Ihnen zeigen, dass es auch während der Schwangerschaft möglich ist, sich gesund zu ernähren und trotzdem Spaß am Essen zu haben. Sie werden feststellen, dass Sie sogar schlemmen können – das Schlemmen schadet weder Ihnen noch Ihrem Kind. Das hier vorgestellte Konzept schenkt Ihnen, der werdenden Mutter, mehr körperliches und seelisches Wohlbefinden. Das lässt Ihr Baby spürbar besser gedeihen und erhöht nach brandaktuellen Untersuchungen sogar die Intelligenz Ihres Kindes.

Essen für zwei?

Schwangere müssen für zwei essen, diese Überzeugung unserer Mütter und Großmütter wurde in letzter Zeit ziemlich angezweifelt – zu Unrecht, wie wir inzwischen wissen. Natürlich isst eine Schwangere für zwei. Für sich ebenso wie für jenes kleine wachsende Wesen, dessen Wohl und Wehe ganz von ihr abhängt. Das heißt aber nicht, dass sie die doppelte Menge von allem in sich hineinschaufelt. Kein vernünftig denkender Mensch wird die Parole »für zwei zu essen« im Ernst als Aufforderung zur Völlerei interpretieren.

Das Geheimnis der gesunden Ernährung in der Schwangerschaft

Nicht viel mehr, sondern viel besser essen – die richtigen Sachen in der richtigen Mischung und Menge zur richtigen Zeit, das bedeutet gesundes Essen und zugleich auch gesunden Genuss. In diesem Buch finden Sie dafür eine ganz konkrete Anleitung im Rezeptteil ab Seite 39.

Zur richtigen Zeit das Richtige essen

Die meisten Frauen wissen nicht, dass in den einzelnen Phasen einer normalen Schwangerschaft unterschiedliche Kalorienmengen benötigt werden, und auch der Bedarf an speziellen Nährstoffen verändert sich im Laufe der Monate. Ein gezielter Einsatz von Nahrungsmitteln ist also nötig, um Mutter und Kind mit allem zu versorgen, worauf es in den Monaten bis zur Geburt wirklich ankommt. Überdies garantiert eine ausgewogene Ernährung während der Schwangerschaft, dass man nach der Geburt schnell wieder fit wird.
Es ist erstaunlich, welche zum Teil abstrusen Vorstellungen zum Thema Kalorien grassieren. Das liegt vermutlich daran, dass sich die meisten von uns nur im Zusammenhang mit Schlankheitsdiäten Gedanken über diese Energieeinheit und ihre Bedeutung für die Ernährung machen. Zudem schafft die Vielzahl der Diäten, mit denen wir wöchentlich überschwemmt werden, ein ungesundes Halbwissen. Dieses ist auch dafür verantwortlich, dass wir uns bei der Ernährung häufig nicht mehr auf unser »gesundes« Empfinden und Gefühl verlassen können.

Extra-Info

Suchen Sie gar nicht erst nach pseudo-wissenschaftlichen Tabellen, Kurven und Statistiken. In diesem Buch finden Sie solche Informationen nicht. Auch mit Milli- und Mikrogramm-Angaben wird hier eher sparsam umgegangen – sie sind für Ihren Ernährungsalltag oft wenig hilfreich. Dort, wo solche Werte Sinn machen, etwa bei Mengen- und Dosierungsvergleichen, tauchen sie selbstverständlich auf. Man will ja ab und zu auch mal staunend sagen: »Das hätte ich nicht gedacht!«

Mehr essen ohne Stress

Der zusätzliche Kalorienbedarf in der Schwangerschaft ist minimal. In den ersten drei Monaten steigt er im Durchschnitt um lächerliche 100 Kalorien täglich, das heißt Sie benötigen 2300 statt der üblichen 2200 Kalorien. Im zweiten Drittel der Schwangerschaft dürfen es dann 200 Kalorien mehr sein. Die Tagesmenge beträgt dann 2500 Kalorien. Im siebten bis neunten Monat sind weitere 100 Kalorien nötig. Am Ende der Schwangerschaft sollten Sie also höchstens 2600 Kalorien zu sich nehmen.

Extra-Info

Stellen Sie sich diese zusätzlichen Kalorien in den letzten Schwangerschaftsmonaten mal als Mahlzeit vor. Drei mittelgroße Kartoffeln und drei Esslöffel Gemüse, angerichtet mit einem Teelöffel Butter oder Margarine – mehr ist es gar nicht!

Sie nehmen zehn bis zwölf Kilo zu – nur wegen des Babys

Sie merken es schon: ein ausgiebiger Spaziergang, ein paar Mal Treppensteigen und weg sind diese zusätzlichen Kalorien. Und trotzdem nimmt eine Schwangere im Laufe der neun Monate durchschnittlich zehn bis zwölf Kilogramm zu.

Neu angelegte Fettdepots machen dabei etwa 1700 bis 1800 Gramm aus. Sie waren zur Zeit unserer Vorfahren eine wichtige »Notration« für schlechte Zeiten. Klar ins Gewicht fallen vor allem das heranreifende Baby, die Vergrößerung von Gebärmutter und Brüsten, das Fruchtwasser und die Flüssigkeitsansammlungen im Gewebe. Diese Folgen der Umstellung im mütterlichen Körper verbrauchen im übrigen auch eine Menge Energie. Dazu hier eine Who-is-Who-Übersicht, die natürlich nur Richtwerte wiedergeben kann. Aber seien Sie unbesorgt, Ihr Arzt überprüft die Gewichtsentwicklung selbstverständlich bei jeder der mindestens zehn Vorsorgeuntersuchungen.

Das lässt Sie bis zur Geburt schwerer werden	
das Baby:	3000–3500 Gramm
die Plazenta:	500–600 Gramm
der Uterus:	900–1000 Gramm
das Fruchtwasser:	800–1000 Gramm
zusätzliches Blut:	1500 Gramm
die Brüste:	400–500 Gramm
das Gewebswasser:	mindestens 2000 Gramm
die Fettreserven:	mindestens 1700 Gramm

Diese Werte können individuell auch etwas höher liegen. Steigt das Gewicht während der neun Monate zu stark an, ist das unter Umständen ein Alarmzeichen. So könnte z. B. ein Schwangerschaftsdiabetes entstanden sein, in dessen Folge das Fettgewebe des Kindes überproportional zunimmt. Die Lungenreifung aber bleibt zurück. Für das Baby besteht Lebensgefahr. Regelmäßige Glukosetests nach dem dritten Monat weisen rechtzeitig auf diese Komplikation hin.

Das Geheimnis der Nährstoffe

Zurück zum normalen Kalorienhaushalt in einer normalen Schwangerschaft. Der reale Bedarf steigt nur, wie gesagt, von 2200 auf zunächst 2300, später 2500 und schließlich 2600 Kalorien pro Tag. Wichtig ist es also, dass diese zusätzlichen Kalorien keine so genannten »leeren« Kalorien sind (wie z. B. aus Zucker, Kuchen oder Weißmehl). Jetzt benötigen Sie Nahrung mit einer hohen Nährstoffdichte, die all das liefert, was die Höchstleistungen einer werdenden Mutter überhaupt erst ermöglicht und zugleich das neue Leben unter ihrem Herzen perfekt versorgt.

Ihr Bedarf an Eiweiß, bestimmten Vitaminen, Mineralstoffen und Spurenelementen liegt jetzt in der Schwangerschaft um vieles höher als vorher. Ein knapper Überblick auf der nächsten Seite macht deutlich, welche Nährstoffe Sie besonders benötigen, um plötzliche Defizite zu verhindern.

Erhöhter Bedarf in der Schwangerschaft

Eiweiß	17 Prozent plus
Vitamin A	25 Prozent plus
Vitamin B_1	50 Prozent plus
Vitamin B_2	15 Prozent plus
Vitamin B_6	66 Prozent plus
Vitamin B_{12}	17 Prozent plus
Vitamin C	25 Prozent plus
Vitamin D	100 Prozent plus
Vitamin E	17 Prozent plus
Folsäure	100–150 Prozent plus
Niacin	15 Prozent plus
Eisen	100 Prozent plus
Jod	20 Prozent plus
Kalzium	35 Prozent plus
Magnesium	20 Prozent plus
Zink	25 Prozent plus

Die Nährstoffdichte im Essen

Fassen wir zusammen: Sie sollen kaum mehr Kalorien zu sich nehmen. Zugleich brauchen Sie jetzt von bestimmten Nahrungsbestandteilen mehr als das Doppelte. Hier wird deutlich, wie wichtig die optimale Auswahl der Lebensmittel ist. Sie benötigen solche Lebensmittel, die bei einem Mittelmaß an Kalorien eine Topmischung an Nährstoffen bieten. Die meisten Nährstoffe können Sie tatsächlich in ausreichender Menge über die Nahrung aufnehmen. Nur bei Eisen, Jod und Folsäure entstehen Probleme. So viel Brokkoli oder Leber kann kein Mensch essen, und auch jodiertes Salz sollte nur in Maßen verwendet werden. Um Defizite auszugleichen, helfen in vielen Fällen nur Nahrungsergänzungspräparate, die auf jeden Fall aber vom Arzt verordnet werden sollten. In der Schwangerschaft dürfen Sie auch solche Präparate nicht auf eigene Faust einnehmen.

Ignoranz schadet der Mutter

Was passiert, wenn man den erhöhten Bedarf an bestimmten Nährstoffen einfach ignoriert? Die Antwort ist einfach: Sie werden es merken, nicht sofort und nicht schlagartig, sondern immer ein bisschen mehr. Das Ungeborene hat bei der Versorgung mit Nährstoffen sowieso Vorrang. Fehlende Nährstoffe werden also bei der werdenden Mutter abgezweigt. Sie selbst fühlt sich zusehends schlechter. Liefert die Ernährung gar für Mutter und Kind zu wenig Nährstoffe, wird das dramatische Entwicklungsschäden beim Baby zur Folge haben.

Die 1-2-3-Formel

Tipp

Vergessen Sie die üblichen drei Mahlzeiten morgens, mittags und abends. Essen Sie lieber mehrmals am Tag, immer dann, wenn Sie Appetit verspüren. Aber achten Sie darauf, Ihre Portionen zu halbieren. Es ist keineswegs gut für Ihr Kind, wenn Sie beide längere Zeit hungern. Vor allem das Frühstück sollten Sie nicht auslassen, auch wenn Sie eigentlich ein Frühstücksmuffel sind.

Tipp

Essen sie wenigstens einmal am Tag eine warme Mahlzeit mit Kartoffeln, Gemüse, Salat und Fleisch, Fisch oder Geflügel. So erhalten Sie einen guten Nährstoffmix als Grundstock für Ihre Ernährung.
Wenn Sie dann noch verschwenderisch mit Obst, Müsli und fruchtigen Drinks umgehen, sind Sie schon auf der sicheren Seite. In unserem Rezeptteil gibt es dazu die tollsten Anregungen.

Tipp

Trinken Sie möglichst viel und nicht erst, wenn Sie Durst verspüren, denn dann ist der Flüssigkeitmangel bereits zu hoch. Mindestens anderthalb, besser zwei Liter Flüssigkeit pro Tag sind notwendig. Sollten Sie in den ersten drei Monaten der Schwangerschaft unter häufigem Erbrechen leiden, müssen Sie unbedingt noch mehr trinken, denn Erbrechen führt zu großen Flüssigkeitsverlusten.

Die Bausteine des Lebens

Der Körper des Menschen »funktioniert« auf wunderbare Weise – und das über lange Zeit auch dann, wenn er schlecht behandelt wird. Damit unser Körper auch in extremen Situationen wie einer Schwangerschaft möglichst fit bleibt, sollten wir es besonders gut mit ihm meinen. Erstens haben wir nur den einen, und zweitens haben wir die Verantwortung für den kleinen Gast, der da unterm Herzen auf liebevollen Service wartet.

Was immer im mütterlichen Stoffwechsel passiert, das Baby kriegt es sofort mit. Gewöhnen Sie sich daran, in den neun Monaten Ihrer Schwangerschaft »wir« statt »ich« zu denken. Sie ist erst der Anfang einer langen Zeit der Mutter-Kind-Symbiose.

Und schon landen wir wieder bei den Nährstoffen – und bei der Frage, was aus ihnen wird, wenn sie in Form pflanzlicher und tierischer Lebensmittel im Magen angekommen sind.

Stoffwechsel: Was wechselt denn da?

Am besten stellt man sich das Stoffwechselsystem wie eine High-Tech-Fabrik vor, nur eben viel effizienter. Die Nährstoffe – Eiweiß, Kohlenhydrate, Fett, Vitamine, Mineralstoffe, Spurenelemente und Wasser – werden durch die Stoffwechselprozesse im menschlichen Organismus biochemisch in der Weise umgewandelt, dass sie sich schnell über das Blut durch den Körper transportieren lassen und zur rechten Zeit genau dorthin kommen, wo sie benötigt werden, nämlich zu den Zellen.

Regie bei dieser gigantischen Verteilungs- und Steuerungsaufgabe führen unsere Hormone. Enzyme sorgen für die Energiegewinnung, Vitamine und Mineralstoffe helfen ihnen dabei.

Weiterhin sorgt der Stoffwechsel für diverse Reparaturarbeiten sowie für den Aufbau neuer Zellen, und auch andere Dienstleistungen wie die Abfallbeseitigung und Entschlackung werden übernommen.

Sie müssen zugeben: Dass dies ein Leben lang zumeist reibungslos klappt, ist ein absolutes Faszinosum.

Selbstbedienung für Babys

Babys sind rücksichtslos, und im Prinzip nehmen sie sich einfach, was sie aktuell benötigen. Aber das geht nur, wenn das Wunderwerk Körper nicht durch falsche Ernährung ins Schleudern gerät. Stoffwechselstörungen bedeuten automatisch Komplikationen in der Schwangerschaft. Direkter gesagt, es entstehen unkalkulierbare Risiken für Mutter und Kind.

Wie wir wissen, wird das Kleine über die Plazenta versorgt. Sie ist eine Art Superorgan, das dem Nachwuchs unter anderem Nahrung und Sauerstoff liefert. Der mütterliche Blutkreislauf ist dabei nur durch eine dünne Membran vom kindlichen getrennt. Weist die Nährstoffversorgung der Mutter Mängel auf, bekommt das Baby es sofort zu spüren.

Einige Nährstoffe werden zwar aus den Körperreserven der Mutter »zwangsrekrutiert«, andere aber, die nur über die täglichen Mahlzeiten aufgenommen werden können, fehlen dann einfach für die richtige Entwicklung des Kindes. Man braucht wirklich nicht viel Fantasie, um sich die Folgen auszumalen.

So läuft der Stoffwechsel reibungslos

Eiweiß und Kohlenhydrate liefern vier Kalorien pro Gramm, Fett hingegen schlägt mit satten neun Kalorien pro Gramm zu Buche. Deshalb ist auch die richtige Zusammensetzung der Nahrung so wichtig. Zu viel Fett liefert zu viele Kalorien, ungünstig zusammengesetzte Kohlenhydrate verursachen ein Defizit bei den Ballaststoffen. Es besteht überhaupt kein Zweifel, dass alle drei Nährstoffe unverzichtbare Bestandteile unserer Ernährung sind. Was bleibt, ist erneut die Frage der Dosierung. Wenn Sie schon vor der Schwangerschaft weder deutlich übergewichtig noch allzu schlank waren, kommen Sie mit der Kohlenhydrat- und Fettversorgung in bisheriger Höhe auch während der Schwangerschaft klar. Dennoch müssen Sie sich vielleicht auf andere Produkte einstellen.

Einen echten Zusatzbedarf gibt es jedoch beim Eiweiß. Darum nehmen wir diese Komponente der »Bausteine des Lebens« als Erste unter die Lupe.

Extra-Info

Wenn Sie die Wahl haben, legen Sie Ihren täglichen Eiweißschwerpunkt auf die Mittagszeit. Die beste Nährstoffverteilung sieht so aus: Morgens ein Energieschub durch Kohlenhydrate, um die leeren Nachtspeicher wieder aufzufüllen, mittags Eiweiß zur Stoffwechselankurbelung, abends sanfte Power durch Kohlenhydrate plus Eiweiß.

Tierisches oder pflanzliches Eiweiß?

Eiweiß ist die Grundsubstanz jeder Zelle, und in der Schwangerschaft werden Milliarden neuer Zellen für einen ganz winzigen Menschen gebildet. Das heißt, es muss viel Eiweiß aus der Nahrung kommen. Das klingt dramatischer, als es gemeint ist, denn durch unsere üblichen Mahlzeiten werden wir schon ganz gut mit Eiweiß bedacht. Für die meisten Menschen kommt der unentbehrliche Stoff aus Fleisch, Fisch, Ei, Milch und Milchprodukten, das macht auch Sinn, denn die tierischen Proteine ähneln von ihrem Aufbau her unserem Körpereiweiß und sind darum besonders wertvoll.

Pflanzliches Eiweiß ergänzt den Speiseplan

Für die optimale Mischung in der Schwangerschaft brauchen Sie aber auch pflanzliches Eiweiß, das andere, jetzt ebenfalls wichtige Bestandteile liefert. Zum Glück lassen sich pflanzliche Proteine aus Hülsenfrüchten untereinander bzw. mit Milchprodukten oder Eiern trefflich kombinieren. Unter dem Strich erreichen Sie damit eine Bio-Qualität, die dem tierischen Eiweiß in nichts nachsteht.

Einige der kleinsten Eiweißbausteine oder Aminosäuren kann unser Organismus selbst herstellen, andere, die so genannten essenziellen Aminosäuren, müssen laufend über die Nahrung zugeführt werden. Ein Grund mehr für Sie, auf eine ausgewogene Mischung zu achten.

Extra-Info

Ideal wäre eine Mischung aus einem Drittel tierischem und zwei Dritteln pflanzlichem Eiweiß: so oft wie möglich Kartoffeln und Hülsenfrüchte.

Die richtigen Kohlenhydrate finden

Auch sie zählen zu den Grundbausteinen unseres Körpers, sie sind die Basis pflanzlicher Nahrungsmittel und sorgen für schnelle Energie, aber bei den Kohlenhydraten ist es wie bei der Partnerwahl: Es ist nicht leicht, die richtigen zu finden.

Viele Kohlenhydrate, die wir täglich konsumieren, stammen aus Zucker, Süßigkeiten, Limonaden und dergleichen. Diese »Sorte« dient nicht unbedingt der mütterlichen und kindlichen Gesundheit, weil sie »leere« Kalorien liefern, die dick machen.

Zum Glück stecken Kohlenhydrate aber ebenso in Getreide, Reis, Vollkornbrot und Vollkornnudeln. Die komplexen Kohlenhydrate bringen eine Menge Ballaststoffe mit und werden vom Organismus schön langsam verdaut, führen so zu einem stetigen, gleichmäßigen Energiestrom. Das ist gut für Mutter und Kind.

Obst und Gemüse enthalten ebenfalls Kohlenhydrate, und auch sie sind herzlich willkommen. Diese Nahrungsmittel liefern nämlich gleichzeitig Megadosen an Vitaminen und Mineralstoffen, von denen Sie ja in der Schwangerschaft mehr benötigen.

Extra-Info

Verkneifen Sie sich, wenn möglich, den plötzlichen Heißhunger auf »etwas Süßes«, denn die Kohlenhydrate aus Kuchen oder Schokolade lösen einen raschen Blutzuckeranstieg und damit einen heftigen Insulinschub aus. Die anschließende unvermeidbare Unterzuckerung sorgt automatisch für neuen Hunger.

Satt durch ungesättigte Fette

Fett macht fett, und weil sich der Bauch in der Schwangerschaft sowieso von Woche zu Woche mehr rundet, wollen wir von diesem Energielieferanten möglichst nur jene Teile, die offen und ehrlich antreten und Gutes zu bieten haben. Gesättigte Fette, die sich in reichlicher Menge in Wurstwaren, Bratensaucen aber auch im Gebäck verstecken, sind überflüssige Kalorien und darum nur gelegentlich willkommen.

Die hochwertigen Fettvarianten allerdings sollten Sie sich in gewissen Mengen gönnen. Aus ihnen werden z. B. Hormone aufgebaut, die ja beim Stoffwechsel und bei der Steuerung der Schwangerschaft eine zentrale Rolle spielen. Darüber hinaus würden manche wichtige Vitamine auf der Strecke bleiben, wenn es kein Fett gäbe, das dabei hilft, sie in den Körper einzuschleusen.
Ein paar tierische Fette aus Butter, Käse und Eidotter beispielsweise dürfen Ihre Nahrung bereichern. Noch wertvoller allerdings sind die so genannten ungesättigten Fette aus der pflanzlichen Nahrung. Sie finden sie in kaltgepressten Ölen, Nüssen, Sonnenblumenkernen und vielem mehr.

Extra-Info

Omega-3-Fettsäuren, das ist ein Begriff, den Sie sich merken sollten. Omega-3-Fettsäuren kommen vor allem in Seefischen vor, und zwar in denjenigen, die in eiskalten Meeresgebieten herumschwimmen. Diesen Fischen haben es die Eskimos zu verdanken, dass sie vor einem Herzinfarkt so gut geschützt sind. Aber die spezielle Fettzusammensetzung fördert, wie man jetzt weiß, auch die Entwicklung von Gehirn und Nerven beim heranreifenden Kind. Mehr darüber auf Seite 33.

Ohne Vitamine geht gar nichts

Experten unterscheiden 13 verschiedene Vitamine. Normale Menschen kennen vermutlich gerade mal die Hälfte dieser Mikronährstoffe, weil sie sich zwar A, B, C oder D leicht merken, aber die Vitamine mit den unaussprechlichen Namen schnell wieder vergessen. Jedes einzelne Vitamin ist ein wahrer Alleskönner. Vitamine schützen vor Umweltgiften und stärken die Körperabwehr, sie päppeln unsere Leistungsfähigkeit und regeln interne Abläufe im Organismus. Ohne Vitamine wären wir nicht lebensfähig.
Selbst »herstellen« kann unser Körper ohnehin nur einen Teil dieser so wichtigen Stoffe und das auch nur in kleinsten Dosierungen. Außer B_{12} und D stammen alle Vitamine von Pflanzen, und ihr besonderer Charme besteht auch darin, dass sie im Unterschied zu anderen Nährstoffen nichts, aber auch gar nichts mit Kalorien zu tun haben.

Extra-Info

Oft reichen schon winzige Mengen eines Lebensmittels aus, um ein Vielfaches des Tagesbedarfs eines bestimmten Vitamins decken zu können. Das gilt übrigens auch für Mineralstoffe. Andererseits kommt es vor, dass eine normale Essensportion bei weitem nicht ausreicht, um die empfohlene Dosis eines anderen Vitamins zu erreichen. Bringen Sie möglichst viel Abwechslung in Ihren Speiseplan. Über mehrere Tage gleicht sich das Zuviel oder Zuwenig dann aus.

Wichtige und weniger wichtige Vitamine

Man sollte ja annehmen, in Wohlstandsländern wie Deutschland könne es eigentlich niemanden geben, der mit Vitaminen unterversorgt ist. Das stimmt aber nicht. Starken Rauchern oder Alkoholikern z. B. fehlen häufig bestimmte Vitamine, und auch Schwangere können ihren Bedarf in der Regel nicht decken.

Ein massiver Vitaminmangel der Schwangeren lässt sich an Nervosität und Abgeschlagenheit erkennen, auch Hautauffälligkeiten können ein Zeichen für das Fehlen von Vitaminen sein. Die Gefahren für den Embryo sind noch eklatanter. Untergewicht und Entwicklungsschäden können sich auf die Gesundheit des Embryos und auf die Entwicklung des Babys nach der Geburt auswirken.

Achten Sie also unbedingt auf eine optimale Vitaminversorgung. Das gilt im Prinzip für alle 13 Vitamine, ganz besonders allerdings für die Vitamine A, B_1, B_2, B_{12}, Biotin, C, D, E, Folsäure und Niacin.

Extra-Info

Bevor Sie fragen, ob man bei Vitaminen auch zu viel des Guten tun kann: Neun der 13 sind wasserlöslich. Das heißt, ein eventueller (zugegebenermaßen sehr unwahrscheinlicher) Überschuß würde relativ schnell über den Urin ausgeschieden.

Bei den vier fettlöslichen Vitaminen ist es anders: Sie werden im Körper gespeichert. Allenfalls die Vitamine A und D könnten Dosierungsprobleme bereiten. Nähres dazu in der nachfolgenden Zusammenstellung.

Vitamine in der Schwangerschaft

Nicht nur das heranwachsende Kind fordert eine ausreichende Versorgung, sondern auch der Körper der Mutter ist auf diese unentbehrlichen Helfer angewiesen. Hier die Details:

Vitamin A – Retinol

- Wirkung: Fruchtbarkeit, kindliches Wachstum, Gehirn, Augen und Haut, Zellschutz, Immunsystem
- Mangelerscheinungen: Entwicklungsschäden beim Kind, Appetitlosigkeit und Müdigkeit bei der Mutter, Leberstörungen
- Tagesbedarf: 1,1 Milligramm
- Quellen: Möhren, Mango, Spinat, Fenchel, Grünkohl, Milchprodukte, Aal
- Überdosierung: Schwangere dürfen höchstens drei Milligramm pro Tag zu sich nehmen

Beispiel

1,1 Milligramm Vitamin A entspricht 150 Gramm gedünsteten Möhren, 125 Gramm Aal oder 800 Gramm Tomaten. Vitamin A und Karotinoide können wir mit etwas Fett oder Öl optimal verwerten.

Vitamin B_1 – Thiamin

- Wirkung: Kohlenhydrat-Stoffwechsel von Muskel- und Nervenzellen, gut gegen Stress und starke Belastungen
- Mangelerscheinungen: Reizbarkeit, Konzentrationsschwäche, Schlaflosigkeit, Verdauungsstörungen, Ödeme
- Tagesbedarf: 1,5 bis 1,8 Milligramm
- Quellen: Linsen, Kartoffeln, Vollkornprodukte, Erbsen, Schweinefleisch, Erdnüsse, Weizenkeime
- Überdosierung: über die Nahrung nicht möglich

Beispiel

Eine Tagesdosis Vitamin B_1 entspricht etwa 100 Gramm magerem Schweinefleisch mit 150 Gramm Erbsen. Sie ist in 130 Gramm Erdnüssen, 60 Gramm Weizenkeimen oder zehn Gramm Bierhefe enthalten.

Vitamin B_2 – Riboflavin

- Wirkung: beteiligt an der Bereitstellung von Energie aus Kohlenhydraten und Fetten. Stärkt die Abwehr, sorgt für gesundes Wachstum von Haaren und Nägeln, gut für die Haut
- Mangelerscheinungen: Wachstumsstörungen beim Baby; Müdigkeit, Antriebslosigkeit, gereizte Schleimhäute, spröde Haut bei der Mutter
- Tagesbedarf: 1,8 Milligramm
- Quellen: Speisequark, Makrele, Seelachs, Schweineleber, Cornflakes, Hühnerbrust, Champignons, Milch
- Überdosierung: nur bei Megadosen Hautkribbeln und -brennen

Beispiel

Die Tagesdosis erreichen Sie mit 100 Gramm Hühnerbrust und 200 Gramm Champignons oder einem Liter Milch.

Vitamin B_6 – Pyridoxin

- Wirkung: Eiweiß-Stoffwechsel, Aufbau von Zellkernen, Blutbildung, Wachstumsvorgänge
- Mangelerscheinungen: Entwicklungsschäden beim Kind, Darmbeschwerden, Übelkeit, Blutarmut, Ödeme
- Tagesbedarf: 2,6 bis 3 Milligramm
- Quellen: Kalbsleber, Sojabohnen, mageres Schweinefleisch, Paprika, Hering oder Makrele, Huhn, Vollkornbrot, Lachs, Reis, Banane
- Überdosierung: kaum möglich

Beispiel

Den Tagesbedarf decken Sie mit 125 Gramm Lachs, 60 Gramm Reis und einer Banane.

Vitamin B_{12} – Cobolamin

- Wirkung: Bereitstellung von Muskelenergie, Zellteilung, aktiviert das Vitamin Folsäure, Eisenverwertung
- Mangelerscheinungen: Erhöhtes Risiko einer Fehlgeburt, Depressionen, Blutarmut, Magen-Darm-Beschwerden, gelbe Schleimhäute, blasse Lippen
- Tagesbedarf: 0,003 Milligramm
- Quellen: Rind- oder mageres Schweinefleisch, Quark, Schweineleber, Makrele, Seelachs, Camembert
- Überdosierung: erst bei tausendfach (!) überhöhter Menge möglich – und darum unmöglich

Beispiel

Der Tagesbedarf entspricht 100 Gramm Makrele oder 200 Gramm Seelachsfilet. 70 Gramm Camembert decken ein Drittel des Tagesbedarfs.

Vitamin C – Ascorbinsäure

- Wirkung: Stimulation des körpereigenen Abwehrsystems, Kalzium- und Eisenstoffwechsel, Schutz der Vitamine A, B_1, B_2, Folsäure und Biotin vor Zerstörung durch Sauerstoff, wichtig für Bindegewebe und Knochen
- Mangelerscheinungen: Untergewicht des Babys, Gefahr einer Frühgeburt, Anfälligkeit für Infektionen, schlechte Wundheilung, Müdigkeit
- Tagesbedarf: 100 Milligramm
- Quellen: Zitrusfrüchte, Beeren, grüne Gemüse, Kartoffeln, Brokkoli, Petersilie, Paprikaschoten, Erdbeeren, Kiwi
- Überdosierung: sehr selten; ab zehn Gramm täglich Durchfall möglich

Beispiel

Der Tagesbedarf wird gedeckt durch 100 Gramm rohe Paprikaschote oder 100 Gramm Erdbeeren und eine Kiwi. Auch frische Kräuter wie Schnittlauch und Basilikum sind reich an Vitamin C.

Vitamin D – Calciferol

- Wirkung: Knochenaufbau, Festigkeit der Zähne, Gleichgewicht der Mineralstoffe Kalzium und Phosphor, Wachstum
- Mangelerscheinungen: Osteoporose, Gelenkschmerzen, Erschöpfung, erhöhte Infektanfälligkeit
- Tagesbedarf: 0,010 Milligramm
- Quellen: Eigelb, Butter, Käse, Margarine, Avocado, Milch, Hering, Heilbutt, Lachs
- Überdosierung: rein theoretisch bei 50facher Dosis

Beispiel

Da unser Körper bei Sonnenlicht selbst Vitamin D produziert, reichen zum Beispiel schon 50 Gramm Hering oder Heilbutt oder 100 Gramm Lachs.

Vitamin E – Tocopherol

- Wirkung: Schutz von Körperzellen, anderen Vitaminen, Hormonen und Enzymen vor den selbstschädigenden Freien Radikalen, hält die Blutgefäße frei, beschleunigt die Wundheilung, verringert Narbenbildung
- Mangelerscheinungen: Störungen des Muskelstoffwechsels und der Verdauung, Allergien
- Tagesbedarf: 14–17 Milligramm
- Quellen: Fenchel, Erbsen, Grünkohl, Avocado, Schwarzwurzeln, Mandeln, Haselnüsse, Weizenkeimöl
- Überdosierung: im Extremfall Kopfschmerzen, Sehstörungen

Beispiel

Die Tagesdosis entspricht 200 Gramm Schwarzwurzeln, einer großen Avocado; mehr als 30 Gramm Mandeln oder Haselnüssen; zwei Teelöffeln Weizenkeimöl.

Tipp

Vitamin-E-haltige Nahrung sollte nicht zusammen mit Eisenpräparaten verzehrt werden.

Folsäure

- Wirkung: Folsäure ist das Schutzvitamin für werdende Mütter. Zellteilung, Zellneubildung, Wachstum; Entwicklung von Wirbelsäule und Zentralnervensystem beim Kind; Entwicklung des kindlichen Gehirns; Reifung der roten Blutkörperchen, Blutgerinnung
- Mangelerscheinungen: Entwicklungsschäden, Missbildungen beim Kind, Früh- oder Fehlgeburten; Gestose
- Tagesbedarf: Bis zu einem Milligramm – möglichst ab Beginn der Schwangerschaft
- Quellen: Vollkornbrot, Blumen- und Weißkohl, Wirsing, Spargel, Brokkoli, Tomaten, Weizenkeime, Orangen, Ei
- Überdosierung: unwahrscheinlich
- Wichtiger Hinweis: Über die Nahrung bekommt man nicht genug Folsäure. Sprechen Sie mit Ihrem Arzt über Zusatzpräparate.

Beispiel

1 Ei, 200 Gramm Spinat oder 200 Gramm Rote Bete entsprechen etwa einem Drittel der benötigten Tagesmenge.

Niacin

- Wirkung: Energiegewinnung, Funktionen von Magen, Darm und Nervensystem, Sauerstoffaufnahme des Blutes
- Mangelerscheinungen: Schwindelgefühle, Gewichtsverlust, Hautentzündungen
- Tagesbedarf: 17 Milligramm
- Quellen: Rollmops, Naturreis, Erdnüsse, Bierhefe, Weizenkleie, Vollkornkekse, Sardinen, Brathuhn
- Überdosierung: erst ab 100 Milligramm kommt es zu Übelkeit, Kopfschmerzen, Hitzewallungen oder Allergien

Beispiel

Eine Tagesdosis entspricht 125 Gramm Putenbrust und 150 Gramm Pfifferlingen, 150 Gramm Makrele oder 120 Gramm Rinderleber. Bemerkenswert: Schon zwei Tassen Kaffee decken den Bedarf zu 50 Prozent.

Mineralien und Ballaststoffe

Nicht nur bei den Vitaminen, auch bei den Mineralstoffen und ihrer Untergruppe, den so genannten Spurenelementen, geraten wir während der Schwangerschaft ganz schön ins Minus, wenn nicht von vornherein gezielt gegengesteuert wird. Die winzigen Dinger stammen aus der Erde, wandern über das Wasser und die pflanzliche Nahrung (oder auf dem Umweg über »tierische« Nahrung) in unseren Organismus. Gott sei Dank, muss man sagen, denn keine Körperzelle kommt ohne sie aus.

Gespeichert werden die Mineralstoffe in Knochen, inneren Organen und im Blut, und damit diese Speicher immer schön gefüllt bleiben, ist ständiger Nachschub nötig. Stockt dieser, dann klappt es auch mit dem Aufbau von Knochen und Zähnen nicht. Der Stoffwechsel wird störanfällig, was letztlich auch die Nerven angreift.

Zu den »kritischen« Mineralstoffen in der Schwangerschaft zählen Eisen, Jod, Kalzium, Magnesium und Zink. Selbst bei einer an sich ausgewogenen Ernährung kann es zu einer partiellen Unterversorgung kommen.

Extra-Info

Der Bedarf an Mikronährstoffen – also Vitaminen und den hier dargestellten Mineralstoffen – ist gegen Ende der Schwangerschaft am höchsten. Als Mutter in spe sollten Sie folglich so frühzeitig wie möglich damit beginnen, eine ausreichende Versorgung aufzubauen. In der Stillzeit steigt der Bedarf sogar noch weiter, denn die Muttermilch soll dann den schnell wachsenden Säugling optimal päppeln.

Extra-Info

Zur Not kann Ihr Arzt per Analyse von Körperflüssigkeiten oder Gewebeproben feststellen,ob Sie und Ihr Baby auch wirklich ausreichend mit Vitaminen und Mineralstoffen versorgt sind. Den Status kann er durch verschiedene Untersuchungen checken, die allerdings sehr zeit- und kostenaufwendig sind.

Eisen

- Wirkung: notwendig für den Sauerstofftransport im Blut, den Energiestoffwechsel, für die Gehirnentwicklung
- Mangelerscheinungen: Blutarmut
- Tagesbedarf: 30 Milligramm
- Quellen: Geflügel, Kohl, Sojabohnen, Eier, Hirse
- Überdosierung: durchs Essen und Trinken nicht möglich
- Wichtiger Hinweis: Die Eisenaufnahme wird durch Kaffee und schwarzen Tee gestört; ein Glas Orangensaft (Vitamin C) erhöht die Aufnahmebereitschaft des Körpers für Eisen um das Dreifache.

Beispiel

Die Deckung des Tagesbedarfs während der Schwangerschaft lässt sich allein über die Nahrung kaum hinkriegen. Zwar sind Vollkornbrot, Muskelfleisch, Trockenpflaumen oder Spinat gute Eisenlieferanten, aber es bleibt immer ein Defizit. Wenn Sie auch schon vor der Schwangerschaft einen Eisenmangel hatten – das trifft wegen des monatlichen Blutverlusts während der Menstruation bei vielen Frauen zu –, wird der Arzt ein Eisenpräparat verschreiben.

Jod

- Wirkung: Fördert die geistige und körperliche Entwicklung des Kindes; wichtig für den Stoffwechsel und die Schilddrüsenfunktion
- Mangelerscheinungen: Entwicklungsstörungen beim Baby, im Extremfall Gefahr von Schwachsinn
- Tagesbedarf: 0,2 Milligramm
- Quellen: Seefisch, jodiertes Salz
- Überdosierung: keine Gefahr
- Wichtiger Hinweis: Weil bei uns ein generelles Jod-Defizit besteht, raten viele Ärzte zu einer zusätzlichen Jodeinnahme in der Schwangerschaft.

Beispiel

120 Gramm Scholle oder andere Seefische reichen, um den Tagesbedarf zu decken.

Magnesium

- Wirkung: steigert die Immunabwehr, Stoffwechselaktivator, genereller Stressschutz, wichtig für Muskeln und Nerven
- Mangelerscheinungen: Gefahr von Früh- oder Fehlgeburt; Muskelkrämpfe
- Tagesbedarf: 300–350 Milligramm
- Quellen: Vollkorn- und Milchprodukte, grüne Gemüse und Salate, Hülsenfrüchte
- Überdosierung: unwahrscheinlich

Beispiel

Ein Drittel des Tagesbedarf wird durch 200 Gramm Spinat gedeckt.

Kalzium

- Wirkung: Aufbau und Erhalt von Knochen, Zähnen und Nerven, wichtig für den Nervenstoffwechsel und gegen Bluthochdruck
- Mangelerscheinungen: Muskelkrämpfe
- Tagesbedarf: 1200 Milligramm
- Quellen: grüne Gemüse, Hülsenfrüchte, Sesamsamen, Nüsse, Mineralwasser
- Überdosierung: keine Gefahr
- Hinweise: Schlechter verwertet wird Kalzium durch den gleichzeitigen Konsum von beispielsweise Tomaten, Spinat oder Rhabarber. Auch Kaffee oder Tee hemmen die Aufnahme.
  Während der Schwangerschaft machen sich kaum Kalziummangelerscheinungen bemerkbar, weil das Mineral bei einer Unterversorgung einfach aus den mütterlichen Knochen abgezogen wird. Spätfolgen: Schädigung der Knochensubstanz (auch beim Kind), Osteoporose bei der Mutter.

Beispiel

$^1/_2$ Liter Milch, $1\,^1/_2$ Becher Jogurt und 40 Gramm Hartkäse decken den Tagesbedarf an Kalzium. Wer vor der Schwangerschaft öfters Crash-Diäten gemacht hat, leidet vermutlich schon vor der Empfängnis unter einem deutlichen Kalziumdefizit.

Zink

- Wirkung: fördert die Stoffwechselsteuerung und die Immunabwehr, wichtig für die Zellteilung, das Wachstum und die Haut
- Mangelerscheinungen: Wachstumsverzögerungen beim Baby
- Tagesbedarf: 15 Milligramm
- Quellen: Vollkornbrot, Fisch, Schalentiere wie Austern, Muskelfleisch, Eier
- Überdosierung: kein Thema

Beispiel

Der Tagesbedarf lässt sich durch eine Nährstoffmischung decken. 100 Gramm getrocknete Linsen zum Beispiel können 30 Prozent Deckung erreichen.

Ballaststoffe belasten nicht

Das Wort klingt so, dass man eigentlich gleich weiterblättern möchte. Wer will schon Ballast mit sich herumschleppen? Aber diese Stoffe sind für unseren Körper besonders sinnvoll.

Die unverdaulichen Bestandteile pflanzlicher Nahrungsmittel haben keine Kalorien, bescheren uns aber das Gefühl von Sättigung, sie sorgen für eine gesunde Darmflora und halten unsere Verdauung auf Trab, sie »entschlacken«, indem sie Schad- und Fäulnisstoffe Richtung Ausgang transportieren. Weil sie für diese Aufgaben Flüssigkeit zum Aufquellen benötigen, muss man viel trinken. Wer nicht genug Flüssigkeit aufnimmt, handelt sich eine Verstopfung ein. Der Ballaststoffanteil bei den einzelnen Lebensmitteln ist sehr unterschiedlich.

10 Nahrungsmittel mit hohem Ballaststoffgehalt

Schwarzwurzeln	Blumenkohl
Vollkornnudeln	Linsen
getrocknete Erbsen	Wirsingkohl
grüne Erbsen	Knäckebrot
Möhren	Kartoffeln

Der kluge Einkauf

Die optimale Auswahl der Lebensmittel – nach diesem alltagstauglichen Raster kann man seinen Speiseplan und den der Familie relativ einfach festlegen. Niemand muss sich aber haarklein an die einzelnen Empfehlungen halten. Was heute nicht auf den Tisch kommt, ist morgen oder übermorgen an der Reihe. Wichtig ist nur, dass die Wochenbilanz stimmt.

Volles Korn statt weißes Mehl

Vollkorn in jeder Form, als Brot, Knäckebrot oder Brötchen, als Flocken oder Müsli, liefert komplexe Kohlenhydrate, Ballaststoffe sowie Vitamine und Mineralstoffe. Essen Sie deshalb Müsli aus diversen Getreideflocken, und ergänzen Sie die Mahlzeit durch Milch, Jogurt und Obst. Ab dem vierten Monat sollten Sie mindestens 250 Gramm Vollkornprodukte täglich essen.

Extra-Info

Sie müssen nicht unbedingt im Reformhaus oder Öko-Laden einkaufen, aber achten Sie bei den Produkten auf die Kennzeichnungen bzw. Zutatenlisten: künstliche Zusatzstoffe wie Konservierungsmittel, Phosphate, Geschmacksverstärker, Kochsalz etc. sollten Sie vermeiden.

Gefahr durch Rohmilch

Damit die Gewichtszunahme in der Schwangerschaft wirklich nur mit dem heranreifenden Kind und nicht mit eigenen Fettpolstern zu tun hat, verzehren Sie am besten teilentrahmte, fettarme Milch-, Jogurt- und Käseprodukte. Sie liefern Kalzium, hochwertiges Eiweiß, wichtige Vitamine und Mineralstoffe.

Selbst zubereitete Fruchtjogurts oder -quarkspeisen sind fertigen Produkten vorzuziehen. Verzichten sollten Sie in der Schwangerschaft auf jeden Fall auf so genannte Roh- und Vorzugsmilch sowie auf Rohmilchkäse. In ihnen könnten Krankheitserreger stecken. Alle anderen Milchprodukte und auch pasteurisierte Milch gehören von vornherein zu den Grundnahrungsmitteln. Einen halben Liter pasteurisierte, fettarme Milch pro Tag dürfen Sie zu Beginn der Schwangerschaft zu sich nehmen. In der zweiten Schwangerschaftshälfte steigt der Bedarf deutlich an. Sie könnten dann beispielsweise einen Becher Jogurt und eine Scheibe Käse zusätzlich verzehren.

Die Auswahl macht's

Fleisch, Wurst und Geflügel sind wichtig. Dass es trotzdem ein paar Einschränkungen gibt, liegt im wesentlichen an der Wurst. Viele Sorten enthalten versteckte Fette in großer Menge. Das gilt im Besonderen für Dauerwurst.

Mageres Fleisch vom Geflügel, Schwein und Rind ist dagegen in Ordnung und sollte durchaus zwei- bis dreimal in der Woche auf den Tisch kommen, denn es liefert uns hochwertiges Eiweiß, Vitamin B_{12} sowie Eisen. Auch gegen magere Geflügelwurst, Corned Beef oder gekochten Schinken ohne Fettrand spricht nichts.

Leber liefert zwar die so unverzichtbare Folsäure, ist aber dennoch etwas umstritten. Manche Experten raten wegen gelegentlich erhöhter Konzentration von Vitamin A ab, andere meinen, dass bei gelegentlichem Genuss die Vorteile überwiegen.

Fleisch und Geflügel sind während der gesamten Schwangerschaft gleichbleibend positive Bestandteile Ihrer Ernährung. Die meisten Wurstwaren sollten Sie hingegen eher mit Vorsicht genießen.

Die Sieger: Kartoffeln, Salat und Gemüse

Kartoffeln, Salat und Gemüse sind die absoluten Favoriten für Ihre Ernährung. Die Kartoffel zählt zu den Topnahrungsmitteln in der Schwangerschaft, weil sie nicht belastet, uns aber mit Vitaminen und Ballaststoffen bedient. Am besten bereiten Sie möglichst oft Pellkartoffeln oder Püree aus frisch gekochten Kartoffeln zu, da steckt am meisten drin. Pommes frites oder Bratkartoffeln enthalten leider ein bisschen zu viel Fett.

Vitamine und Mineralstoffe zuhauf

Auch Salat, Gemüse und Obst dürfen an keinem Tag auf der Speisekarte fehlen. In Bezug auf Vitamine, Ballaststoffe und so genannte sekundäre Pflanzenstoffe sind sie unschlagbar.

Diese sekundären Pflanzenstoffe gelten als die neuen Lieblinge der Ernährungsexperten. Angeblich gibt es 5000 verschiedene Substanzen, die zusammenwirken. Sie regen unsere Verdauung an, aktivieren den Stoffwechsel, unterstützen die Wirkung körpereigener Enzyme, normalisieren den Blutdruck, töten Viren und Bakterien und bewirken noch viel mehr.

Kaufen Sie Obst, Salat und Gemüse der Saison möglichst aus Ihrer Region, denn dann bekommen Sie es am frischesten. Tiefkühlgemüse und -obst sind in diesem Punkt keine zweite Wahl, sondern echte Alternativen. Täglich einige Kartoffeln, je eine Portion Salat und Gemüse tun Ihnen gut.

Extra-Info

Rohkost empfiehlt sich ebenfalls, weil sie die Vitamine und Begleitstoffe enthält, die durch Kochen verloren gehen. Aber: Kauen Sie Rohkost doppelt und dreifach, sonst handeln Sie sich unter Umständen Verdauungsprobleme ein.

Pasta tut mehrmals die Woche gut

Nudeln aus weißem Mehl und weißer, geschälter Reis sind keine vollwertigen Nahrungsmittel. Im Gegensatz dazu haben Vollkornnudeln und Naturreis jede Menge Vitamine, Mineral- und Ballaststoffe zu bieten.

Getrocknete Hülsenfrüchte, Bohnen, Erbsen und Linsen liefern einen wahren Cocktail an wertvollen Nährstoffen: Eisen, Vitamine, Mineralstoffe. Sie bereichern den Speiseplan vorzüglich. Leider führen sie bei vielen Menschen zu Blähungen.

Vollkornnudeln sind mehrmals die Woche gut, Reis und Hülsenfrüchten können Sie einmal wöchentlich essen. In der zweiten Schwangerschaftshälfte darf die Nudellust noch zunehmen. 100 Gramm pro Tag tragen zur gesunden Sättigung bei.

Die Lust auf Süßes stillen

Frisches Obst und Nüsse bescheren uns Vitamine und Mineralstoffe. Dass wegen des Zuckergehalts auch ein paar mehr Kalorien dabei sind, nehmen wir in Kauf. Süßigkeiten dagegen sollten wir meiden, weil sie ebenso wie Kuchen und Gebäck größtenteils aus Fett und Zucker bestehen. Falls Ihnen der Verzicht zu schwer fällt, darf ab und zu ein Stückchen Obstkuchen sein. Auch einige Vollkornkekse sind gelegentlich erlaubt.

Ansonsten greifen Sie zu Obst, von dem Ihnen eine breite Palette zur Verfügung steht. Im Sommer genießen Sie Kirschen und die verschiedensten Beerenfrüchte, im Herbst und Winter Trauben sowie Orangen und andere Zitrusfrüchte. Sie sorgen für Vitamin C und Folsäure. Sie reichern Müslis und Quarkspeisen an. Obst aus der Dose oder dem Glas ist keine Alternative: Essen Sie täglich 250 Gramm frisches Obst. Süßigkeiten sollten eine Ausnahme bleiben.

Extra-Tipp

Nüsse sind leider sehr kalorienreich. Aber sie stärken die Nerven und unterstützen die Gehirnleistung. Mandeln strotzen vor Vitamin E, und in Paranüssen steckt eine Menge Selen. Eine Nuss deckt davon bereits den Tagesbedarf.

Muss Fisch auf den Tisch?

Fisch ist eine der besten Eiweißquellen überhaupt. Schellfisch oder Kabeljau enthalten wenig Fett, sind leicht verdaulich, und auch mit den Kalorien sieht es erfreulich aus. Fisch ist das Lebensmittel mit der größten Joddichte, und Jod braucht die werdende Mutter in besonderem Maße.

Hochseefisch – Seelachs, Hering, Makrele – ist zwar deutlich fettreicher, er muss sich ja vor der dortigen Kälte schützen, enthält aber wertvolle mehrfach ungesättigte Fettsäuren, die für die Baby-im-Bauch-Entwicklung unverzichtbar sind. Es empfiehlt sich, Fisch zu dünsten anstatt ihn paniert zuzubereiten. Genießen Sie Fisch zwei- bis dreimal pro Woche.

Omega-3-Fettsäuren für die Intelligenz Ihres Babys

Omega-3-Fettsäuren – das neue Zauberwort der gesunden Ernährung. Was schon länger vermutet wurde, ist jetzt bewiesen. Durch ihren Anteil in der Nahrung der werdenden Mutter lässt sich die spätere Intelligenz des heranreifenden Kindes eindeutig fördern.

Wo stecken diese Omega-3-Fettsäuren drin? Sie sind überwiegend in Hochseefisch enthalten, also in Wildlachs, Makrele, Hering oder Sardine, firmieren deshalb auch schlicht als Fischöl.

Wann und wie die Omega-3-Fettsäuren Einfluss auf die Entwicklung von Gehirn, Gedächtnis und Intelligenz eines Babys nehmen, haben internationale Wissenschaftler in langen Studien ermittelt. Danach stammen zwei Drittel der Omega-3-Fette, die während der Schwangerschaft wie auch in der späteren Stillzeit an das Kind weitergegeben werden, aus den Körperdepots der Mutter; nur zu einem Drittel kommen sie direkt aus der Nahrung.

Aber diese mütterlichen Depots sind sehr schnell leer. Um sie aufzufüllen, ist ständiger Nachschub vonnöten. Kinder mit niedrigem Omega-3-Status weisen übrigens schon in der Gebärmutter erkennbar kürzere »Slow Wave«-Schlafphasen auf. Gerade in diesen Phasen aber erfolgt die Ausschüttung der entscheidenden Wachstumshormone.

Die Versorgung mit Omega-3-Fettsäuren klappt idealerweise dadurch, dass man zweimal die Woche Hochseefisch isst. Im übrigen werden Fischölkonzentrate in Kapselform angeboten; fragen Sie Ihren Arzt, was er davon hält.

Ein Hoch auf das Ei

Vergessen Sie das Gerede um den hohen Cholesteringehalt von Eiern. Es stimmt zwar, aber wenn man den Eierkonsum in Grenzen hält, überwiegt der positive Effekt. Der Vitaminreichtum von Eiern ist unbestritten, das Eiweiß von Eiern ist zweifellos hochwertiger als jenes von Fleisch und Milch. Kaum ein anderes Lebensmittel hat eine so hohe Nährstoffdichte.

Wegen der Salmonellengefahr empfiehlt es sich, Eier ganz frisch zu kaufen. Ansonsten ist klar: unbedingt kühl lagern, hart kochen und dann auch gleich essen.

Als kleine Einschränkung gilt allerdings, dass Eier nicht mehr als zwei- bis dreimal pro Woche auf den Tisch kommen sollten – sonst, siehe oben – haben Sie doch ein Cholesterinproblem ...

Fett mit Gehalt

Über Fett haben wir schon viele Worte verloren, aber man kann es nicht oft genug wiederholen: Butter sollten Sie bitte äußerst sparsam dosieren, ungehärtete Margarine ist wegen ihrer essenziellen Fettsäuren besser. Auch bei den Ölen gibt es klare Favoriten. Kaltgepresstes, nicht raffiniertes Olivenöl zum Beispiel ist gesund, die Mittelmeeranwohner, die täglich Olivenöl konsumieren, können dies bestätigen. Die ungesättigten Fettsäuren im Olivenöl senken das schädliche LDL-Cholesterin und erhöhen gleichzeitig das gesunde HDL-Cholesterin. Außerdem liefert Olivenöl Vitamin E, das zellschädigende Freie Radikale neutralisiert. An Salaten ist Olivenöl unschlagbar, aber auch Brot mit Olivenöl sollten Sie mal probieren, weil seine tollen Inhaltsstoffe kalt am intensivsten sind. Die meisten gehen leider beim Erhitzen verloren.
Fazit: Genießen Sie alle sichtbaren Fette mit Vorsicht. Versuchen Sie Ihren Verbrauch auf 30 Gramm pro Tag zu beschränken, und achten Sie darauf, dass Öl den Hauptfettanteil ausmacht.

Extra-Tipp

Trinken, trinken, trinken – mindestens eineinhalb bis zwei Liter pro Tag.

Wasser wirkt Wunder

Alkoholische Getränke verbieten sich in der Schwangerschaft von selbst. Das gilt auch für das »Schlückchen in Ehren«. Bereits ein bis zwei Gläser leichten Weines steigern das Missbildungsrisiko beim Ungeborenen auf 30 bis 50 Prozent.
Optimale Getränke sind Mineralwasser, Obst- und Gemüsesäfte, Früchte- und Kräutertees. Es gibt dutzende Sorten von Mineralwasser. Entscheiden Sie sich für natrium- und kohlensäurearmes Wasser mit hohem Kalzium- und Magnesiumgehalt. Obstsäfte sollten hundert Prozent Fruchtgehalt haben und mit Mineralwasser gestreckt werden. Gegen Kaffee und schwarzen Tee spricht nichts, wenn es bei zwei, drei Tassen täglich bleibt. Beide Getränke stören allerdings die Aufnahme von Eisen, jenem Mineralstoff, den Sie unbedingt brauchen.

Äußerst gesund und äußerst schmackhaft

Am besten lassen Sie alles bisher Gelesene erst eimal in Ruhe sacken. Dann überlegen Sie, welche der Lebensmittel, die in den einzelnen Kategorien (von Eiweiß über Vitamine bis zu den Mineralstoffen) empfohlen oder als Alternativen genannt wurden, Ihnen besonders gefallen. Die können Sie ankreuzen oder auflisten – wetten, dass Sie anschließend ziemlich überrascht sind, wie viele unterschiedliche Sachen dabei zusammenkommen, die beides sind: äußerst gesund und schmackhaft zugleich.

Spätestens in diesem Moment beginnt sich auch das versprochene Feeling von innerer Ruhe, Wohlbefinden und Genuss einzustellen – Sie merken, wie angenehm das Ernährungskonzept für Ihre Schwangerschaft strukturiert ist.

Und versprochen: Im anschließenden Rezeptteil (ab Seite 39) werden zwar die wesentlichen Nährstoff-Bestandteile genannt. Sie werden aber nicht dadurch genervt, dass in Buchhaltermanier alle Milligramm-Anteile einzeln aufgelistet und Sie quasi genötigt werden, dauernd einen Taschenrechner zu benutzen.

Wenn Sie die Spielregeln dieses Konzeptes erst einmal verinnerlicht haben, bekommen Sie sehr schnell ein gut funktionierendes »Bauchgefühl« für die Stimmigkeit einer Mahlzeit und den optimalen Tagesmix vom Frühstück bis zum Abendessen. Und Sie werden merken: Gesundes Essen für zwei bedeutet keineswegs, auf Genuss verzichten zu müssen. Im Gegenteil – auch in der Schwangerschaft kann geschlemmt werden!

Der Weg zum Genuss

Was ist eine »ausgewogene« Mahlzeit?

Wenn Sie sich einmal vor Augen führen wollen, wie einfach sich die Nährstoffdichte durch die richtige Auswahl und Zusammenstellung der Zutaten steuern lässt, schauen Sie sich bitte folgende »ausgewogene Mahlzeit« an, die auf der Basis von Berechnungen der Deutschen Gesellschaft für Ernährung erstellt wurde.

Beispiel

Sie essen und trinken mittags 100 g Weizenvollkornbrot, 200 g mageren Jogurt, 300 g gemischten Salat (bestehend aus 50 g Tomate, 200 g grünem Salat, 50 g Paprikaschote), $^1/_2$ l fettarme Milch, 300g Apfel, 200 g Kartoffeln, 200 g mageres Rindfleisch und nehmen damit 970 Kalorien zu sich.

Damit decken Sie Ihren Tagesbedarf

an Vitamin B_1 zu	80 Prozent	an Folsäure zu	40 Prozent
an Vitamin B_2 zu	85 Prozent	an Eisen zu	40 Prozent
an Vitamin B_6 zu	90 Prozent	an Jod zu	20 Prozent
an Vitamin B_{12} über	100 Prozent	an Kalzium zu	60 Prozent
an Vitamin C über	100 Prozent	an Magnesium zu	80 Prozent
an Vitamin E zu	25 Prozent	an Zink zu	90 Prozent

Sie sehen, wie unkompliziert sich die bisherigen Informationen in die Tat umsetzen lassen. Weil Jod, Vitamin E, Eisen und Folsäure am schlechtesten abschneiden, wird man versuchen, bei einer anderen Mahlzeit deren Anteil durch die entsprechenden Zutaten höher ausfallen zu lassen. Aber das gelingt nur bedingt, darum ist hier vermutlich ärztlicher Rat gefragt. Ihr Arzt kann Ihnen, falls es angebracht erscheint, die notwendigen Zusatzpräparate empfehlen.

Das optimale Kochen

Eigentlich ist es ein Widerspruch, denn der normale Kochvorgang vernichtet viele der Nährstoffe, die wir vorher so sorgfältig ausgesucht haben. Was tun? Die wenigsten Verluste an Vitamin- und Mineralstoffen ergeben sich beim

- Dämpfen im Drucktopf,
- Dünsten in wenig Flüssigkeit,
- Garen in Folie oder Römertopf.

Tipps für nährstoffschonendes Garen

Deckel zwischendurch möglichst wenig abnehmen, damit nicht zu viel Feuchtigkeit entweicht.

Auch mit Fett möglichst sparsam umgehen. Das Wasser lässt sich übrigens gut für Saucen und Suppen weiter verwenden.

Fleisch kommt am besten beim Braten bzw. Grillen über die Runden; Schmoren und Kochen etwa im Eintopf vernichtet die meisten seiner wertvollen Inhalte.

Hohe Temperaturen zu Anfang »versiegeln« die Fleischporen und schalten, etwa beim Blanchieren von Gemüse, vitaminabbauende Enzyme aus.

Das vielgerühmte Öl mit mehrfach ungesättigten Fettsäuren sollte man unbedingt erst nach dem Garen hinzufügen.

Generell gilt: Gemüse am besten immer nur so lange garen, dass es noch etwas Biss hat, weil die Nährstoffe erhalten bleiben – ebenso der Eigengeschmack.

Übrigens: Weil wir nicht wissen, welche Art der Zubereitung Sie praktizieren, können wir bei den folgenden Rezepten natürlich nur die allgemeinen Kochhinweise geben.

Bei den Mengenangaben zu den Rezepten reicht die Bandbreite von ein oder zwei bis zu vier Portionen bzw. Personen. Es gibt eben Mahlzeiten, die bereitet man nicht nur für sich, sondern auch für den Partner oder die Familie vor bzw. friert Teile davon ein, wenn der Kochaufwand größer ist.

Süßes, Snacks & Drinks

Eine Schwangerschaft ist für viele die Zeit der kleinen Mahlzeiten. Lassen Sie es lockerer angehen. Essen und trinken Sie, wenn Ihnen danach ist. Hungerphasen zwischendurch tun keinem gut – weder Ihnen noch dem Baby in Ihrem Bauch. In diesem Rezeptkapitel dreht sich alles um den kleinen Appetit vom Aufstehen bis zum Zubettgehen. Früchteburger oder Limettencreme? Rote Grütze oder Mandelmilch? Ananasdrink oder Tomaten-Käse-Brötchen? Hier finden Sie die 22 besten Rezepte mit Genussgarantie.

Safran-Jogurtcreme mit Früchten

1 Portion enthält:
ca. 460 Kalorien

Nährstoffreich durch:
Eiweiß
Vitamine B_2, B_6, B_{12}, C
Kalzium

Zutaten für 4 Portionen:
1 Paket Doppelrahmfrischkäse (200 g), 2 Becher Jogurt (300 g), 3 EL Zucker, 1 Tüte Safran, 1 Becher stichfeste saure Sahne (150 g), 40 g gehackte Pistazien, Muskat, 1 Honigmelone, 250 g Himbeeren, $^1/_2$ Topf Minze

Zubereitungszeit: etwa 25 Minuten, Foto Seite 38

- Frischkäse mit 2 EL Jogurt, Zucker und Safran glattrühren
- Den restlichen Jogurt, saure Sahne und Pistazien unterrühren. Mit Muskat abschmecken.
- Melone halbieren, entkernen und das Fruchtfleisch mit einem Kugelausstecher in kleinen Kugeln herauslösen oder klein schneiden.
- Himbeeren verlesen. Mit den Melonenkugeln und Minzeblättchen mischen.

Früchteburger

1 Portion enthält:
ca. 280 Kalorien

Nährstoffreich durch:
Eiweiß
Vitamine B_2, B_{12}, C und E
Kalzium
Magnesium

Zutaten für 2 Portionen:
2 EL Mandelblättchen, $^1/_4$ Babyananas, 1 Kiwi, 100 g Erdbeeren

Für den Erdbeerquark:
125 g Magerquark, 2 TL Erdbeerkonfitüre, Zitronensaft, Vanillemark, 2 Stiele Minze, 2 Müsli- oder Rosinenbrötchen, 1 EL Raspelschokolade

Zubereitungszeit: etwa 15 Minuten

- Mandelblättchen in einer beschichteten Pfanne ohne Fett goldbraun rösten. Herausnehmen und abkühlen lassen.
- Von der Ananas den Strunk entfernen. Ananas schälen und in dünne Scheiben schneiden. Erdbeeren waschen, gut abtropfen lassen, Blütenansätze entfernen und in Scheiben schneiden. Kiwi schälen und in dünne Scheiben schneiden.
- Quark mit Erdbeerkonfitüre, Zitronensaft, Vanillemark verrühren. Minzeblättchen von den Stielen zupfen, fein hacken, unter den Quark mischen.
- Brötchen halbieren, Quark und Früchte darauf verteilen. Mandelblättchen und Schokoraspel darüber geben.

Limettencreme

1 Portion enthält:
ca. 250 Kalorien

Nährstoffreich durch:
Eiweiß
Vitamin C
Folsäure
Zink

Zutaten für 4 Portionen:
4 Blatt weiße Gelatine, 5 Limetten, 4 Eier, 1 Prise Salz, 130 g Zucker, 2 EL Zitronensaft, einige Zweige Zitronenmelisse zum Verzieren

Zubereitungszeit: etwa 20 Minuten (ohne Kühlzeit)

- Gelatine ca. 10 Minuten in kaltem Wasser einweichen.
- 2 Limetten heiß abwaschen, Schale mit Küchenpapier abreiben.
- 4 Limetten auspressen.
- Eier trennen. Eigelb mit Salz und 100 g Zucker mit den Schneebesen des Handrührgerätes 5–7 Minuten schaumig aufschlagen.
- Limetten- und Zitronensaft unterrühren.
- Gelatine tropfnass bei milder Hitze auflösen und vorsichtig in die Creme rühren. Kühl stellen, bis die Creme zu gelieren beginnt (ca. 5 Minuten).
- Eiweiß steif schlagen, dabei den restlichen Zucker einrieseln lassen.
- Eischnee und die Hälfte der Limettenschale unter die Creme heben und mindestens 1 Stunde kühl stellen.
- Übrige Limette in hauchdünne Scheiben schneiden. Die Creme mit den Scheiben, restlicher Schale und Melisseblättchen verzieren.

Mangokaltschale

1 Portion enthält:
ca. 450 Kalorien

Nährstoffreich durch:
Eiweiß
Vitamin A, C

Zutaten für 4 Portionen:
1 Stück Ingwer (20 g), 2 Mangos, 1 l Maracujanektar, 2 Päckchen Bourbon-Vanillezucker, 2 EL Zitronensaft, 250 g Brombeeren, 150 g rote Johannisbeeren, 200 g Vanilleeis

Zubereitungszeit: etwa 15 Minuten (ohne Kühlzeit)

- Ingwer und Mangos schälen. Ingwer fein reiben, Mangofruchtfleisch vom Stein schneiden.
- Etwas Mangofleisch als Suppeneinlage in Würfel schneiden, beiseite stellen.
- Rest mit Maracujanektar, Vanillezucker und Zitronensaft pürieren.
- Alle Beeren kalt abspülen und verlesen, Johannisbeeren von den Rispen streifen. Mit den Mangowürfeln in die Suppe geben und mindestens 2 Stunden im Kühlschrank durchkühlen lassen.
- Zum Essen auf jede Portion Kaltschale 1 Kugel Vanilleeis setzen.

Crêpes mit Früchten

1 Portion enthält:
ca. 540 Kalorien

Nährstoffreich durch:
Vitamine A, C
Kalzium

Zutaten für 4 Portionen:

Für den Teig:
100 g Mehl, 2 Eier, 1 Prise jodiertes Salz, $^1/_4$ l Milch, 75 g Halbfettmargarine

Für die Früchte:
2 Mangos (a 300 g), 3 Kiwis, 2 EL Zucker, 1 Vanillinzucker, einige Pfefferminzblättchen

Zubereitungszeit: etwa 40 Minuten

- Diese Crêpes sind eine Sünde wert: Mehl, Eier, Salz, Milch und 50 g flüssiges Fett mit den Schneebesen des Handrührgerätes verquirlen. 20 Minuten quellen lassen.
- Mangos und Kiwis schälen. Mangos in Stücke, Kiwis in Scheiben schneiden.
- Zucker und Vanillinzucker verrühren und über die Früchte geben.
- Minze in Streifen schneiden und darüber streuen.
- Früchte ca. 30 Minuten durchziehen lassen.
- Im restlichen Fett aus dem Teig nacheinander dünne Pfannkuchen backen.

Tomaten-Käse-Brötchen

1 Portion enthält:
ca. 250 Kalorien

Nährstoffreich durch:
Eiweiß
Vitamine B_1, C, D
Folsäure
Eisen
Kalzium
Magnesium
Zink

Zutaten für 1 Portion:
1 Vollkornbrötchen, 1 TL Halbfettmargarine,
1 Scheibe Schnittkäse (20 g, 20–30 % Fett),
1 Tomate, Basilikum

Zubereitungszeit: etwa 5 Minuten

- Das Vollkornbrötchen halbieren, die untere Hälfte mit der Margarine bestreichen.
- Mit dem Schnittkäse und den in Scheiben geschnittenen Tomaten belegen.
- Frisches Basilikum als Garnitur verwenden.

Gemüse-Jogurt-Drink

1 Glas enthält:
ca. 85 Kalorien

Nährstoffreich durch:
Eiweiß
Vitamine B_2, B_{12}, C
Folsäure

Zutaten für 3 Gläser:
1 Tomate (75 g), 250 g Vollmilchjogurt, 300 ml Gemüsesaft, jodiertes Salz, Pfeffer, $^1/_2$ Bund Petersilie

Zubereitungszeit: etwa 10 Minuten

- Tomate mit kochendem Wasser überbrühen, häuten, entkernen und fein würfeln.
- Jogurt mit Gemüsesaft und Gewürzen nach Geschmack verrühren.
- Gehackte Petersilie und Tomatenwürfel zugeben.

Ananasdrink

1 Portion enthält:
ca. 160 Kalorien

Nährstoffreich durch:
Eiweiß
Vitamin A, C

Zutaten für ein Glas:
100 ml Multivitaminsaft, 100 ml Ananassaft, einige Blätter Zitronenmelisse, 1 Scheibe Ananas (frisch)

Zubereitungszeit: etwa 5 Minuten

- Multivitamin- und Ananassaft mischen. Die Melisse waschen und fein hacken. In den Saft rühren.
- Ananasscheibe auf einen Spieß stecken und ins Glas stellen.

Vitamintrunk

1 Glas enthält:
ca. 85 Kalorien
Nährstoffreich durch:
Vitamine C
Niacin

Zutaten für 2 Gläser:
1/2 Kiwi, 1 EL Zitronensaft,
2 EL gezuckerte Haferkleieflocken,
1/8 l Multivitaminsaft, 100 ml Mineralwasser

Zubereitungszeit: etwa 10 Minuten

- Kiwi schälen und mit Zitronensaft und Flocken pürieren. Dann mit Vitaminsaft und Mineralwasser aufgießen. Fertig ist der Vitalstofftrunk.

Pfirsichdrink

1 Glas enthält:
ca. 230 Kalorien
Nährstoffreich durch:
Eiweiß
Vitamin C
Kalzium

Zutaten für 4 Gläser:
3 Pfirsiche (à 125 g), Saft 1/2 Limette,
4 Kugeln Vanilleeis, Mineralwasser (0,75 l)

Zubereitungszeit: etwa 10 Minuten

- Pfirsiche kurz mit kochendem Wasser übergießen, kalt abschrecken. Die Haut abziehen, Stein entfernen. Das Fruchtfleisch würfeln, Limettensaft zufügen und pürieren.
- In 4 hohe Gläser füllen. Je eine Eiskugel dazugeben. Mit gekühltem Mineralwasser auffüllen.
- Nach der Schwangerschaft und der Stillzeit ist auch Sekt erlaubt.

Möhren-Aprikosen-Drink

1 Glas enthält:
ca. 170 Kalorien
Nährstoffreich durch:
Vitamin A, B_1, C

Zutaten für 1 Glas:
$^1/_2$ Bund Petersilie, 100 ml Möhrensaft, 100 ml Aprikosennektar, 1 TL Weizenkeimöl, 1 EL Hefeflocken (Reformhaus)

Zubereitungszeit: etwa 5 Minuten

- Die Petersilie waschen, trockenschütteln und fein hacken. Mit den Säften, dem Öl und den Hefeflocken in einen Mixbecher geben und kräftig durchschütteln.
- Am besten genießen Sie die »Gesundheits-Bombe« aus einem Longdrinkglas!

Heidelbeermilch

1 Glas enthält:
ca. 180 Kalorien
Nährstoffreich durch:
Eiweiß
Vitamine B_{12}, D
Kalzium

Zutaten für 5 Gläser:
200 g Heidelbeeren, 1 Tüte Dessertpulver für Quarkspeise (Zitronengeschmack), 1 Päckchen Vanillinzucker, 1 l Milch, 4 EL Magerquark

Zubereitungszeit: etwa 10 Minuten

- Heidelbeeren verlesen, waschen und völlig abtropfen lassen, fein pürieren.
- Dessertpulver und Vanillinzucker mit etwas Milch anrühren. Restliche Milch, Quark und Fruchtpüree zugeben und gut verrühren.
- Gekühlt serviert schmeckt der Drink besonders lecker.

Mandelmilch

1 Glas enthält:
ca. 150 Kalorien

Nährstoffreich durch:
Eiweiß
Vitamine B_{12}, C, E
Kalzium

Zutaten für 1 Glas:
1 Vanilleschote, 1 EL Mandelmus,
1 EL Hagebutten-Aprikosen-Brotaufstrich,
150 ml Vollmilch

Zubereitungszeit: etwa 5 Minuten

- Das Mark einer Vanilleschote, Mandelmus (Reformhaus), Hagebutten-Aprikosen-Brotaufstrich (Reformhaus) und Vollmilch verrühren, bis eine gleichmäßige Verteilung erreicht ist.

Hawaii-Shake

1 Glas enthält:
ca. 220 Kalorien

Nährstoffreich durch:
Eiweiß
Vitamin C
Kalzium

Zutaten für 1 Glas:
100 g Erdbeeren, 2 EL Ananasstücke (Dose), 1 EL Ananassaft, 1 große Kugel Vanilleeis, $^1/_8$ l Milch, 1 Kiwischeibe

Zubereitungszeit: etwa 5 Minuten

- Erdbeeren gründlich waschen. Eine Erdbeere mit Grün beiseite legen. Den Rest putzen und klein schneiden.
- Mit Ananasstücken und -saft, Vanilleeis und Milch in einen Mixer geben und pürieren.
- Den cremigen Shake in ein Glas gießen und mit frischer Kiwischeibe und der zurückgehaltenen Erdbeere garnieren.

Quarkauflauf mit Obst

1 Portion enthält:
ca. 460 Kalorien

Nährstoffreich durch:
Eiweiß
Vitamine B_1, C
Kalzium

Zutaten für 2 Portionen:
250 g Magerquark, $^1/_8$ l Magermilch,
1 Päckchen Vanillepuddingpulver,
2 EL Zucker, 1 EL Sonnenblumenkerne,
2 Eiweiß, 250 g Sauerkirschen, 1 Apfel,
Fett für die Form

Zubereitungszeit: etwa 20 Minuten (ohne Backzeit)

- Quark, Milch, Puddingpulver, Zucker und Sonnenblumenkerne verrühren.
- Eiweiß steif schlagen und behutsam unter die vorbereitete Quarkmasse heben.
- Kirschen abtropfen lassen. Apfel schälen, entkernen und in Stücke schneiden.
- Eine Auflaufform ausfetten, die Hälfte der Quarkmasse einfüllen. Das Obst gleichmäßig darüber verteilen.
- Die restliche Quarkmasse darauf platzieren. Im vorgeheizten Backofen (E-Herd: 200 Grad; Gasherd: Stufe 3) 40–45 Minuten garen.

Hähnchensandwich

1 Portion enthält:
ca. 840 Kalorien

Nährstoffreich durch:
Eiweiß
Vitamine B_1, C
Niacin
Eisen
Kalzium

Zutaten für 1 Portion:
2 Scheiben Vollkorntoast, 2 Salatblätter,
2 Scheiben Ananas, 150 g Hähnchenbrustfilet, 1 EL Öl, jodiertes Salz, Pfeffer

Zubereitungszeit: etwa 15 Minuten

- Brot toasten.
- Salatblätter waschen und trockentupfen.
- Ananas abtropfen lassen.
- Fleisch im heißen Öl ca. 10 Minuten braten, würzen und in Scheiben schneiden.
- Mit Salat und Ananas auf einem Toast anrichten, mit dem zweiten Toast abdecken.

Putenburger

1 Portion enthält:
ca. 460 Kalorien

Nährstoffreich durch:
Vitamin A, C
Folsäure
Eisen
Kalzium

Zutaten für 2 Portionen:
2 Putenbrustfilets (à 125 g), 1 EL Butterschmalz, jodiertes Salz, Pfeffer, Currypulver, 1 1/2 EL Jogurt-Salatcreme, 1 1/2 EL Tomatenketschup, 1 TL Honig, 1 Prise Cayennepfeffer, 2 Sesambrötchen, 2 Eisbergsalatblätter, 2 Scheiben Ananas, 1 kleines Bund Schnittlauch

Zubereitungszeit: etwa 20 Minuten

- Putenbrust im heißen Fett von jeder Seite 2–3 Minuten braten, mit Salz, Pfeffer und Curry würzen.
- Salatcreme, Ketschup, Honig und Cayennepfeffer verrühren.
- Brötchen halbieren, die beiden unteren Hälften mit je 1 Salatblatt, 1 Putensteak und 1 Scheibe Ananas belegen. Sauce darauf verteilen.
- Schnittlauch in Röllchen schneiden und darauf streuen.
- Mit der oberen Brötchenhälfte abdecken.

Rote Grütze mit Milch

1 Portion enthält:
ca. 400 Kalorien

Nährstoffreich durch:
Vitamine B_{12}, C

Zutaten für 4 Portionen:
je 500 g rote und schwarze Johannisbeeren, 500 g Sauerkirschen, 250 g Himbeeren, 250 g Erdbeeren, 1/8 l Wasser, 1 Vanillestange, 1 Zimtstange, Schale 1 Zitrone, 150 g Zucker, 3 EL Speisestärke, 1 l Milch

Zubereitungszeit: etwa 40 Minuten

- Johannisbeeren waschen, abtropfen lassen. Mit einer Gabel von den Rispen streifen.
- Kirschen waschen und entsteinen. Himbeeren verlesen. Erdbeeren waschen, abtropfen lassen und die Blütenansätze entfernen.
- 750 g der Früchte zur Seite stellen. Restliche Früchte mit Wasser, aufgeschnittener Vanillestange, Zimt, Zitronenschale und 10 Kirschkernen etwa 5 Minuten kochen. Früchte auf ein Sieb geben, den Saft (ergibt ca. 1 l) auffangen.
- Gewürze wieder entfernen und die Früchte durch das Sieb passieren.
- Den Saft mit dem Zucker zum Kochen bringen. Speisestärke mit 2 EL kaltem Wasser verrühren.
- Unter Rühren in den kochenden Saft geben und 2 Minuten kochen, etwas abkühlen lassen, dann die restlichen Früchte vorsichtig unterrühren.
- Rote Grütze kalt stellen. Dazu schmeckt Milch.

Tipp

Damit Beeren & Co. nicht auslaugen, werden sie zuerst gewaschen, dann geputzt. So geht kein Saft verloren. Für den Saft einige Kirschkerne mitkochen. Das bringt ein leichtes Mandelaroma an die Grütze. Stärke mit kaltem Wasser anrühren, sonst gibt es Klümpchen. Anschließend nur so lange kochen, bis die Grütze klar ist. Zu langes Kochen macht sie zäh und leimig.

Fruchtiger Reisauflauf

1 Portion enthält:
ca. 530 Kalorien

Nährstoffreich durch:
Eiweiß
Vitamin C
Magnesium

Zutaten für 4 Portionen:
750 g Pflaumen, 2 Eier, 1 Päckchen Vanillinzucker, 1 Paket fertiger Milchreis (1000 g), 250 g Quark, 2 EL Müsli, Fett für die Form, 2 EL gehackte Pistazien

Zubereitungszeit: etwa 20 Minuten

- Pflaumen waschen, abtropfen lassen.
- Eier trennen. Eigelb, Vanillinzucker, Milchreis, Quark und Müsli verrühren.
- Eiweiß steif schlagen, mit den Pflaumen unterheben.
- Masse in eine gefettete Auflaufform füllen. Im Backofen (E-Herd: 250 Grad; Gas: Stufe 5) 15 Minuten backen.
- Gehackte Pistazien darüber streuen.

Tipp

Wenn Sie den Milchreis selber machen wollen: Den Topf vorher mit kaltem Wasser ausspülen, dann setzt die Milch erst gar nicht an. Rundkornreis nur einmal aufkochen, dann bei geringer Hitze ausquellen lassen. Immer einen Deckel auf den Topf legen, damit keine Flüssigkeit verdunstet. Zwischen Topf und Herdplatte einen Drahtrost legen. So brennt der Milchreis garantiert nicht an. Erst nach 40 Minuten umrühren. Ist der Reis dann schon sehr fest, noch mal etwas Milch nachgießen. Ein Hauch von Butter macht Milchreis gehaltvoller. Zum Schluss einfach unterrühren oder die Butter leicht bräunen lassen und darüber gießen.

SÜSSES, SNACKS & DRINKS

Fruchtmüsli

1 Portion enthält:
ca. 430 Kalorien

Nährstoffreich durch:
Eiweiß
Vitamine B_2, B_6, B_{12}, C
Magnesium

Zutaten für 1 Portion:
1 EL gequollene Weizenkörner (Dose),
2 EL Haferflocken, 2 EL Roggenflocken,
1 kleine Banane, 2–3 Aprikosenhälften,
100 g Magerquark, 50 ml Milch,
1 EL Ahornsirup, 2 EL Kokosflocken

Zubereitungszeit: etwa 10 Minuten

- Weizenkörner mit den Hafer- und Roggenflocken mischen.
- Banane schälen und in Scheiben schneiden. Aprikosen in Spalten schneiden. Beides zu den Flocken geben.
- Quark, Milch und Sirup verrühren. Über das Müsli geben.
- Mit gerösteten Kokosflocken bestreuen.

Rohkostbaguette

1 Portion enthält:
ca. 340 Kalorien

Nährstoffreich durch:
Eiweiß
Vitamine A, B_1, C
Folsäure

Zutaten für 2 Portionen:
1 kleines Baguettebrot, 1 Portionsdöschen vegetarischer Kräuterbrotaufstrich (50 g),
4 Blätter Lollo rosso, 100 g Tomaten,
1 Möhre (75 g), 100 g Rettich, Pfeffer

Zubereitungszeit: etwa 15 Minuten

- Das Baguette durchschneiden. Beide Hälften mit Brotaufstrich bestreichen und mit Salatblättern belegen.
- Tomaten waschen und in Scheiben schneiden.
- Möhre und Rettich putzen, waschen und grob raspeln. Mit den Tomaten auf dem Brot verteilen, würzen.

Getreidepuffer mit Kürbis

1 Portion enthält:
ca. 530 Kalorien

Nährstoffreich durch:
Eiweiß
Vitamine B_1, C
Folsäure
Zink

Zutaten für 3 Portionen:
1 Paket Vollkornpuffer (210 g), 200 ml warmes Wasser, 1 Ei, 500 g Kürbis, 1 Zwiebel, 1 Knoblauchzehe, 1 kleine Dose Tomaten (270 g Einwaage), 1 EL Butter oder Margarine, jodiertes Salz, Pfeffer, getrockneter Majoran, 1 EL Kürbiskerne, 3 EL Öl

Zubereitungszeit: etwa 40 Minuten

- Vollkornpuffer nach Packungsanleitung mit Wasser und Ei zubereiten.
- Kürbis schälen, entkernen und würfeln.
- Zwiebel und Knoblauch abziehen und ebenfalls würfeln.
- Tomaten abtropfen lassen und klein schneiden.
- Kürbis, Zwiebel und Knoblauch im heißen Fett andünsten. Tomaten zufügen und 8 Minuten garen. Würzen, Kürbiskerne zufügen.
- Aus dem Teig in heißem Fett nach und nach 12 kleine Puffer backen.
- Das Kürbis-Tomaten-Gemüse dazu essen.

Salate, Nudeln & Omeletts

Hochwertiges Eiweiß, Vitamine satt, Mineralstoffe vom Feinsten, Nudeln und Olivenöl wie beim besten Italiener der Stadt: Hier kommt der Geschmack, der gute Laune macht und Energie sogar für stressige Tage liefert. Gerade dann, wenn man selber schwerer wird, sorgen diese leichten Mahlzeiten für ein angenehmes Gefühl des Ausgleichs. Alles lässt sich ohne großen Aufwand zubereiten. Vom Toscanasalat bis zu den Salbeiravioli, von Ingwernudeln mit Putenleber bis zum Omelett mit Spinat – die nächsten zwölf köstlichen Rezepte mit Genussgarantie.

Nudelbonbons mit Spinat und Ziegenkäsesauce

1 Portion enthält:
ca. 720 Kalorien

Nährstoffreich durch:
Eiweiß
Vitamine A,C, E
Eisen

Zutaten für 4 Portionen:
$^1/_2$ Grundrezept Nudelteig, 1 kg frischer Spinat, 2 Knoblauchzehen, 2 EL Olivenöl, jodiertes Salz, Pfeffer, 250 g Ziegenfrischkäse, 1 Eiweiß, $^1/_8$ l Schlagsahne, abgeriebene Schale 1 unbehandelten Zitrone, 60 g Pinienkerne

Zubereitungszeit: etwa 1 Stunde

- Nudelteig nach Grundrezept zubereiten. 30 Minuten ruhen lassen.
- Spinat putzen, waschen, tropfnass im Topf erhitzen und zusammenfallen lassen. Gut ausdrücken und grob hacken.
- Knoblauch abziehen, durchpressen, im heißen Öl andünsten, Spinat zufügen, kurz mitdünsten.
- Käse würfeln, die Hälfte in den Spinat rühren, würzen. Etwas abkühlen lassen.
- Nudelteig portionsweise auf einer leicht bemehlten Arbeitsfläche oder mit einer Nudelmaschine dünn (2 mm) ausrollen. In 8 x 5 cm große Rechtecke schneiden, mit Eiweiß bestreichen. Auf jedes Rechteck 1–2 TL Spinatfüllung setzen, zu Bonbons aufrollen, den überstehenden Teig an beiden Seiten zu Manschetten drücken.
- Die Nudelbonbons in einen weiten Topf in kochendem Salzwasser 2–3 Minuten gar ziehen lassen.
- Sahne einmal aufkochen. Restlichen Frischkäse einrühren, bei mittlerer Hitze schmelzen lassen. Mit abgeriebener Zitronenschale, Salz und Pfeffer würzen.
- Pinienkerne in einer Pfanne ohne Fett rösten. Über die abgetropften Nudelbonbons streuen, Sauce dazu essen.
- Das Grundrezept für den Nudelteig finden Sie auf Seite 60.

Grundrezept Nudelteig

1 Portion enthält:
ca. 526 Kalorien
Nährstoffreich durch:
Eiweiß, Vitamin E

Zutaten für 4 Portionen:
400 g Mehl, 4 Eier, jodiertes Salz, 2 EL Olivenöl

Zubereitungszeit: etwa 30 Minuten

- Mehl, Eier, Salz und Öl zu einem glatten Teig verkneten. Abgedeckt 30 Minuten ruhen lassen.
- Mit einer Nudelmaschine zu Spagetti, Bandnudeln oder wie in unserem Rezept weiterverarbeiten.
- Wichtig: Die Garzeit bei frischer Pasta beträgt nur 2–4 Minuten.

Tipp
Pasta muß schwimmen. Verwenden Sie zum Nudelkochen deshalb immer einen möglichst großen Topf mit viel Wasser.

Italienisches Gemüse mit Ei

1 Portion enthält:
ca. 200 Kalorien
Nährstoffreich durch:
Eiweiß
Vitamine C, D
Kalzium

Zutaten für 1 Portion:
1 Paket italienisches TK-Pfannengemüse (300 g), 1 EL gehacktes Basilikum, 1 Ei

Zubereitungszeit: etwa 20 Minuten, Foto Seite 56

- Das kunterbunte Pfannengemüse nach Packungsanweisung garen und mit Basilikum bestreuen.
- Dazu passt entweder 1 hartgekochtes Ei oder ein kleines Omelett.

Toskanasalat

1 Portion enthält:
ca. 340 Kalorien

Nährstoffreich durch:
Eiweiß
Vitamine C, D, E
Folsäure

Zutaten für 4 Portionen:
500 g Tomaten, jodiertes Salz, Pfeffer,
2 Lauchzwiebeln, 100 g Rauke,
1 Knoblauchzehe, 4 EL Balsamessig,
200 g italienisches Fladenbrot,
4 EL Olivenöl

Zubereitungszeit: etwa 30 Minuten

- Tomaten waschen, in Scheiben schneiden und mit Salz und Pfeffer bestreuen. 20 Minuten Saft ziehen lassen.
- Lauchzwiebeln putzen, waschen, in feine Ringe schneiden. Rauke abspülen, trockentupfen und grob hacken. Knoblauch abziehen, würfeln und mit Essig verrühren.
- Fladenbrot in Scheiben schneiden, toasten und in Stücke brechen. Einmal in der Marinade wenden und auf den Tomaten verteilen. Lauchzwiebeln und Rauke darauf geben. Mit Öl und dem Saft der Tomaten beträufeln.

Penne mit Mozzarella

1 Portion enthält:
ca. 645 Kalorien

Nährstoffreich durch:
Eiweiß
Vitamine C, E,
Folsäure

Zutaten für 2 Portionen:
200 g Penne rigate (geriffelte Röhrennudeln), jodiertes Salz, 125 g Kirschtomaten, 1 Mozzarella (à 150 g), $^1/_2$ Bund Basilikum, 1 EL Balsamessig, 2 EL Olivenöl, Pfeffer

Zubereitungszeit: etwa 20 Minuten

- Nudeln in reichlich kochendem Salzwasser nach Packungsanleitung garen.
- Tomaten waschen, halbieren. Mozzarella abtropfen lassen, würfeln. Basilikumblätter abspülen, trockentupfen, in Streifen schneiden.
- Mit Essig, Öl, Salz, Pfeffer mischen. Nudeln abgießen und sofort mit Tomaten und Mozzarella vermengen.

Nudelomelett

1 Portion enthält:
ca. 750 Kalorien
Nährstoffreich durch:
Eiweiß Vitamine B_6, C, D

Zutaten für 2 Portionen:
100 g Vollkornnudeln, jodiertes Salz,
1 kleine rote Paprikaschote,
1 Lauchzwiebel, 100 g Sojasprossen,
2 Scheiben Schinkenspeck, 4 Eier,
2 EL Crème fraîche, Pfeffer, 1 Bund glatte Petersilie, 2 EL Öl, $^1/_2$ Glas italienische Pastasauce mit Knoblauch und Zwiebel (250 ml)

Zubereitungszeit: etwa 30 Minuten

- Nudeln in reichlich Salzwasser 8–10 Minuten garen, abgießen.
- Paprika und Lauchzwiebel putzen und waschen. Paprika in Würfel, Zwiebel in Ringe schneiden. Sprossen abspülen und abtropfen lassen.
- Speck fein würfeln.
- Eier, Crème fraîche, Salz und Pfeffer verrühren. Petersilie hacken und zufügen.
- Speck im heißen Öl anbraten. Gemüse zufügen und mit andünsten. Nudeln ebenfalls mit anbraten. Die Eimasse darüber gießen und zugedeckt ca. 10 Minuten bei milder Hitze stocken lassen.
- Zu diesem unkomplizierten Pfannengericht die Pastasauce reichen.

Gemüseragout mit Spaghetti

1 Portion enthält:
ca. 470 Kalorien

Nährstoffreich durch:
Eiweiß
Vitamine B_1, C,
Folsäure
Zink

Zutaten für 4 Portionen:
1 rote Paprika (250 g), 1 grüne Paprika (250 g), 1 Zucchini (200 g), 1 Aubergine (250 g), 100 g Champignons, 1 Zwiebel, 1 Knoblauchzehe, 3 EL Olivenöl, jodiertes Salz, Pfeffer, 2 TL getrockneter Majoran, 2 EL Tomatenmark, $^1/_4$ l Gemüsebrühe, 400 g Vollkornspagetti, 1 Bund Thymian

Zubereitungszeit: etwa 30 Minuten

- Gemüse putzen, waschen und in Stücke schneiden. Zwiebel und Knoblauch abziehen und würfeln. Alles im heißen Öl andünsten.
- Gewürze und Tomatenmark zugeben, Brühe angießen und alles 10 Minuten garen.
- Nudeln in Salzwasser kochen und abgießen. Zum würzigen Gemüseragout reichen. Mit Thymianblättchen bestreuen.
- Statt Thymian kann man auch frischen Schnittlauch verwenden.

Möhrensalat

1 Portion enthält:
ca. 530 Kalorien

Nährstoffreich durch:
Eiweiß
Vitamine A, B_1, C, D
Kalzium

Zutaten für 2 Portionen:
100 g Eisbergsalat, 200 g Möhren, 150 g Mais (Dose), 4–5 EL Jogurt-Fertigdressing, 2 gekochte Eier, 2 Scheiben Vollkornbrot, 2 EL Butter oder Margarine

Zubereitungszeit: etwa 15 Minuten

- Salat waschen und putzen. Möhren schälen, waschen und reiben. Beides mit dem Mais mischen. Jogurtdressing darüber verteilen. Eier pellen, halbieren und darauf legen.

Rettich-Möhren-Salat

1 Portion enthält:
ca. 160 Kalorien

Nährstoffreich durch:
Eiweiß
Vitamine A, B-Gruppe, C, Niacin
Eisen
Kalzium
Zink

Zutaten für 4–6 Portionen:
1 roten oder weißen Rettich (500 g),
1 Bund Möhren (300 g), 1 Chicorée (125 g),
3 Orangen, 2 Becher saure Sahne (à 150 g),
2–3 EL Zucker, 1 Prise jodiertes Salz,
etwas Zitronenpfeffer, 2 EL Kürbiskerne,
25 g Rettich- oder Kräutersprossen
(Reformhaus)

Zubereitungszeit: etwa 15 Minuten

- Rettich, Möhren und Chicorée waschen und putzen. Rettich eventuell schälen. Möhren schälen und fein raspeln. Rettich in feine Stifte oder dünne Scheiben schneiden.
- 2 Orangen schälen und filieren. Alles auf den Chicoréeblättern anrichten.
- Dritte Orange auspressen. Den Saft mit saurer Sahne und Gewürzen verrühren und über die Salatzutaten gießen. Mit Kürbiskernen und Sprossen bestreuen.

Tipp

Rettich wirkt entwässernd und enthält wohltuende ätherische Senföle, denen er auch seine pikante Schärfe verdankt. Gedünstet schmeckt Rettich allerdings sehr mild. Mit Ausnahme des schwarzen Winterrettichs reicht es meist, die glatten Wurzeln unter fließendem Wasser abzubürsten.

Ingwernudeln mit Putenleber

1 Portion enthält:
ca. 720 Kalorien

Nährstoffreich durch:
Eiweiß
Vitamine A, B_6, C, D

Zutaten für 2 Portionen:
50 g Ingwerknolle, jodiertes Salz,
250 g Vollkornnudeln, 100 g Schalotten,
125 g grüne Weintrauben, 250 g Putenleber,
1 EL Mehl, 20 g Butter oder Margarine,
1 EL Weißwein, 100 ml Geflügelfond,
Pfeffer, Muskat, $^1/_2$ TL Honig

Zubereitungszeit: etwa 30 Minuten

- Ingwer schälen und in große Stücke schneiden. In Salzwasser aufkochen. Nudeln darin garen, abgießen. Ingwerstücke herausnehmen.
- Schalotten abziehen und halbieren. Weintrauben waschen, halbieren, entkernen. Leber in Scheiben schneiden und mit Mehl bestäuben.
- Schalotten im heißen Fett anbraten, Leber zufügen und kurz mitbraten, herausnehmen.
- Bratenfond mit Wein und Geflügelfond ablöschen, kurz aufkochen. Honig einrühren, würzen. Leber, Schalotten und Weintrauben hineingeben und mit den Nudeln mischen.

Ravioli mit Salbeibutter

1 Portion enthält:
ca. 350 Kalorien

Nährstoffreich durch:
Eiweiß
Vitamine B_{12}, D

Zutaten für 2 Portionen:
250 g frische Ravioli mit Käsefüllung, jodiertes Salz, 50 g Butter oder Margarine, 1/2 Bund Salbei, Pfeffer, 50 g frisch geriebener Parmesan

Zubereitungszeit: etwa 15 Minuten

- Ravioli in reichlich Salzwasser 5 Minuten garen und abgießen.
- Fett aufschäumen, Salbeiblätter zufügen und mit Salz und Pfeffer würzen. Mit den Ravioli mischen und mit Parmesan bestreuen.

Omelett mit Gemüsefüllung

1 Portion enthält:
ca. 370 Kalorien

Nährstoffreich durch:
Eiweiß
Vitamine C, D
Folsäure
Eisen
Kalzium

Zutaten für 2 Portionen:
4 Eier, jodiertes Salz, Pfeffer, 2 EL Milch, 2 TL Fett zum Braten

Für die Füllung:
300 g Champignons, 150 g Tomaten, 1 Bund Petersilie, 1 EL Öl, 2 EL Crème fraîche mit Kräutern jodiertes Salz, Pfeffer

Zubereitungszeit: etwa 20 Minuten

- Eier mit Gewürzen und Milch verquirlen. Fett in einer Pfanne erhitzen und nacheinander bei geringer Hitze zwei Omeletts backen.
- Die Champignons mit einem Pinsel säubern und vierteln. Tomaten waschen, vierteln, Petersilie waschen und hacken. Champignons im heißen Öl andünsten. Crème fraîche und Tomaten zufügen, aufkochen. Mit Salz und Pfeffer würzen und mit Petersilie bestreuen.
- Die Füllung auf den beiden Omeletts verteilen und überklappen. Dazu schmeckt grüner Salat.

Fisch, Suppen & Aufläufe

Falls Sie bisher noch kein Fischfan waren – jetzt sollten Sie es werden. Erstens schmeckt die Meeresdelikatesse mit der richtigen Rezeptur unendlich gut, zweitens macht Ihr Ungeborenes wahre Freudensprünge im Bauch, wenn Sie vermehrt Seelachs, Hering, Makrele & Co. auf die Speisekarte setzen. Warum? Das Kind wird nicht nur gesünder, es wird auch intelligenter. Weil Fisch schwimmen will, servieren wir in diesem Kapitel zugleich die tollsten Suppen. Mit Gemüse, mit Ei, sogar mit Früchten und Klößchen. Außerdem gibt es einen falbelhaften Auberginenauflauf. Wieder 17 Rezepte mit Genussgarantie!

Makrele in Misosauce

1 Portion enthält:

ca. 490 Kalorien

Nährstoffreich durch:

Eiweiß
Vitamine B_2, B_6, D
Omega-3-Fettsäuren
Zink
Jod
Eisen

Zutaten für 2 Personen:
2 Makrelenfilets mit Haut (à 180 g), 1 EL Reisessig, 1 Stück frischer Ingwer (15 g), $^1/_8$ l Fischfond, 1 EL Sojasauce, 1 $^1/_2$ EL Zucker, 1 $^1/_2$ EL rotes Miso (Sojabohnenpaste)

Zubereitungszeit: etwa 20 Minuten

- Makrelenfilets abspülen, trockentupfen, mit etwas Reisessig beträufeln und in ca. 3 cm breite Streifen schneiden. Ingwer schälen, fein würfeln und mit Fischfond, Sojasauce und Zucker aufkochen.
- Die Makrelenstücke hineinlegen und bei geringer Hitze 10 Minuten garen. Fisch aus der Sauce nehmen und warm stellen.
- Das Miso in die Sauce rühren, aufkochen und über den Fisch gießen.
- Dazu schmecken Reis und gedünsteter Porree oder Lauchzwiebeln.

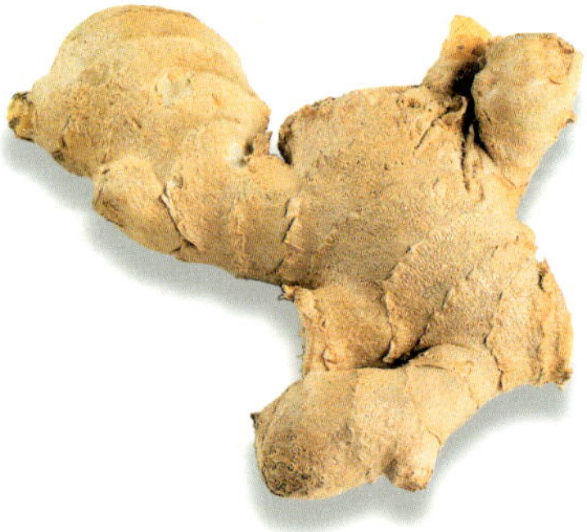

Gefüllte Makrelen

1 Portion enthält:
ca. 580 Kalorien

Nährstoffreich durch:
Eiweiß
Vitamine A, B_2, B_6, B_{12}, C, D, Niacin
Jod
Zink
Omega-3-Fettsäuren

Zutaten für 2 Portionen:
2 küchenfertige Makrelen (à 350 g), jodiertes Salz, 1 Bund Dill, 1 Bund Petersilie, 1 Fenchelknolle (300 g), 125 g Pfifferlinge (Dose), Butter, Kartoffeln

Zubereitungszeit: etwa 45 Minuten

- Makrelen unter fließendem Wasser abspülen, trockentupfen und salzen. Dill und Petersilie waschen, hacken und in die Fische füllen.
- Fenchelknolle putzen, waschen und in Streifen schneiden. Pfifferlinge gut abtropfen lassen.
- Makrelen auf die Alufolie legen. Gemüse darum verteilen. Butterflöckchen darauf setzen und die Alufolie verschließen.
- Im Backofen bei 200 Grad etwa 35 Minuten garen. Dazu: Pellkartoffeln.

Neue Kartoffeln mit Lachs-Sauerrahm

1 Portion enthält:
ca. 980 Kalorien

Nährstoffreich durch:
Eiweiß
Vitamine der B-Gruppe, C, D
Jod
Kalzium
Magnesium

Zutaten für 2 Portionen:
150 g Räucherlachs, 1 Bund Lauchzwiebeln, 1 Bund Dill, 250 g Crème fraîche, 500 g Schmand, Saft $^1/_2$ Limette, jodiertes Salz, Pfeffer, neue Kartoffeln

Zubereitungszeit: etwa 30 Minuten

- Lachs fein würfeln, Lauchzwiebeln putzen, waschen, in feine Ringe schneiden. Dill hacken. Mit Crème fraîche verrühren und mit Limettensaft, Salz und Pfeffer abschmecken.
- Kartoffeln waschen, in Salzwasser 20 Minuten garen, pellen und dazu essen.

Überbackener Kabeljau

1 Portion enthält:
ca. 430 Kalorien

Nährstoffreich durch:
Eiweiß
Vitamine A,
B-Gruppe, C
Folsäure
Jod
Magnesium
Zink

Zutaten für 2 Portionen:
300 g tiefgefrorenes Kabeljaufilet, Fett für die Form, 1/2 Zitrone, 1 Paket Tomatenpüree mit Basilikum (370 g), 50 g mittelalter Gouda, 2 EL Paniermehl

Zubereitungszeit: etwa 15 Minuten

- Gefrorenen Fisch in eine gefettete Auflaufform legen. Mit Zitronensaft beträufeln. Tomatenpüree darüber gießen. Käse grob raspeln, mit Paniermehl mischen und über dem Fisch verteilen.
- Im Mikrowellengerät bei Grillstufe 2 und 600 Watt 12 Minuten garen. Dazu schmeckt Naturreis.

Fisch-Gurken-Topf

1 Portion enthält:
ca. 320 Kalorien

Nährstoffreich durch:
Eiweiß
Vitamine B_2, B_6, C, D
Magnesium
Jod
Zink

Zutaten für 4 Portionen:
1 Salatgurke (ca. 600 g), 1 Zwiebel, 2 EL Margarine, 1/4 l Gemüsebrühe, 1 Paket Kräuterfrischkäse (200 g), 600 g Seelachsfilet, 4 EL Zitronensaft, jodiertes Salz, 2 EL Saucenbinder für helle Saucen, Pfeffer, 1 Bund Dill

Zubereitungszeit: etwa 30 Minuten

- Gurke schälen, längs halbieren, entkernen und in Stücke schneiden. Zwiebel abziehen, würfeln und im heißen Fett andünsten. Gurken zufügen und kurz mit andünsten. Brühe angießen und Frischkäse einrühren.
- Fisch abspülen, trockentupfen. Mit der Hälfte des Zitronensafts beträufeln, salzen und in Würfel schneiden. Zu den Gurken geben und ca. 5 Minuten garen. Saucenbinder einrühren.
- Mit Zitronensaft, Salz und Pfeffer abschmecken. Gehackten Dill darüber streuen. Dazu Pellkartoffeln oder Reis.

Schollenfilets auf Blattspinat

1 Portion enthält:
ca. 310 Kalorien

Nährstoffreich durch:
Eiweiß
Vitamine A, D
Folsäure
Jod
Magnesium
Zink

Zutaten für 2 Portionen:
300 g Schollenfilets, 2 EL Zitronensaft, jodiertes Salz, Pfeffer aus der Mühle, 100 g Tomaten, 1 Knoblauchzehe, 1 Zwiebel, 1 EL Butter oder Margarine, $^{1}/_{8}$ l Milch, 1 Paket tiefgefrorener Blattspinat mit Créme fraîche (300 g)

Zubereitungszeit: etwa 30 Minuten

- Schollenfilets abspülen, trockentupfen, mit Zitronensaft beträufeln und würzen. Tomaten brühen, häuten, entkernen und würfeln.
- Knoblauch und Zwiebel abziehen, würfeln. Im heißen Fett andünsten, Milch und Spinat zufügen und ca. 10 Minuten garen.
- Mit Salz und Pfeffer würzen. Tomaten und Fisch darauf legen, 4–5 Minuten garen. Filet umdrehen.

Rotbarsch mit Limettensauce

1 Portion enthält:
ca. 230 Kalorien

Nährstoffreich durch:
Eiweiß
Vitamine B_{12}, C, D,
Niacin
Jod
Zink

Zutaten für 2 Portionen:
200 g Zucchini, 200 g Rotbarschfilet, jodiertes Salz, Pfeffer, 10 g Butter oder Margarine

Für die Sauce:
1 Schalotte, 100 ml Fischfond (Glas), 1 unbehandelte Limette, 1 Becher Jogurt (150 g), jodiertes Salz, Pfeffer, 1 Prise Zucker, $^1/_2$ Bund Zitronenmelisse

Zubereitungszeit: etwa 45 Minuten, Foto S. 68

- Zucchini putzen, waschen, mit dem Sparschäler längs in Scheiben schneiden. In kochendem Wasser 2 Minuten blanchieren. Abgießen und abtropfen lassen.
- Fisch abspülen, trockentupfen und in 4 Streifen schneiden, salzen, pfeffern und mit einem Zucchinistreifen umwickeln.
- Schalotte abziehen, würfeln. Mit Fischfond und abgeriebener Limettenschale bei großer Hitze auf die Hälfte einkochen. Topf von der Kochplatte ziehen, Jogurt einrühren. Mit dem Schneidstab des Handrührgerätes durchmixen. Mit Salz, Pfeffer, Zucker und Limettensaft abschmecken. Fein gehackte Zitronenmelisse zufügen.
- Fett in einer Pfanne erhitzen, Fischstücke hineinlegen und in der geschlossenen Pfanne 5–8 Minuten dünsten. Sauce dazu essen.
- Beilage: Wildreismischung.

Lachsfilet mit Safranreis

1 Portion enthält:
ca. 700 Kalorien

Nährstoffreich durch:
Eiweiß
Vitamine B_2, B_6, C, D
Magnesium

Zutaten für 3 Portionen:
1 Zwiebel, 200 g grüne Bohnen, 1 EL Margarine, 200 g Naturreis, 1 Msp. gemahlener Safran, 1 TL jodiertes Salz, 600 g Lachsfilet, $^1/_2$ Zitrone, Fett zum Braten, jodiertes Salz, Pfeffer, 1 kleines Bund Estragon

Zubereitungszeit: etwa 35 Minuten

- Zwiebel abziehen, fein würfeln. Bohnen putzen, waschen und halbieren. In reichlich Salzwasser 10–15 Minuten garen.
- Zwiebel im heißen Fett andünsten. Reis, Safran und Salz zugeben. 400 ml Wasser angießen und bei kleiner Hitze 20–25 Minuten ausquellen lassen. Den Fisch abspülen, trockentupfen und mit Zitronensaft beträufeln. Im heißen Fett braten. Mit Salz und Pfeffer würzen.

Italienische Gemüsesuppe

1 Portion enthält:
ca. 290 Kalorien

Nährstoffreich durch:
Eiweiß
Vitamine A, B_{12}, C

Zutaten für 4 Portionen:
1 Bund Möhren, 1 Zucchini (250 g), 1 Bund Lauchzwiebeln, 300 g Staudensellerie, 2 EL Öl, 1 Dose Tomaten (500 g), 1 l Gemüsebrühe, jodiertes Salz, Pfeffer, Zucker, je 1 TL getrockneter oder frischer Thymian und Majoran, 50 g geriebener Parmesan

Zubereitungszeit: etwa 30 Minuten

- Gemüse putzen, waschen und klein schneiden. Im heißen Öl andünsten. Tomaten mit Saft und Brühe angießen.
- Die Suppe würzen und 10 Minuten garen. Mit geriebenem Parmesan bestreuen.

Gemüsesuppe mit Ei

1 Portion enthält:
ca. 280 Kalorien

Nährstoffreich durch:
Eiweiß
Vitamine A, B_1, B_6, C
Zink

Zutaten für 1 Portion:
125 g Kartoffeln, 150 g TK-Suppengemüse, 2 EL gelbe Linsen, $^1/_4$ l Gemüsebrühe, 1 Ei, $^1/_2$ Bund Petersilie

Zubereitungszeit: etwa 30 Minuten

- Kartoffeln schälen und würfeln, mit tiefgefrorenem Suppengemüse und gelben Linsen (20 g) in der Gemüsebrühe 15 Minuten garen.
- Ei kochen, pellen, in die Suppe geben.
- Die Suppe mit gehackter Petersilie bestreuen.

Gemüsesuppe mit Schweinefilet

1 Portion enthält:
ca. 260 Kalorien

Nährstoffreich durch:
Eiweiß
Vitamine A, B_1, B_6, B_{12}, C
Kalzium

Zutaten für 4 Portionen:
300 g grüne Bohnen, 200 g Möhren, 1/2 Dose Bambussprossen (80 g), 20 g frischer Ingwer, 250 g Schweinefilet, 2 EL Sesamöl, 1 l Fleischbrühe, jodiertes Salz, Pfeffer, 4 EL Sojasoße, 1 Bund Schnittlauch, 2 EL geröstete Sesamsamen

Zubereitungszeit: etwa 30 Minuten

- Bohnen putzen, waschen und einmal durchschneiden. Möhren schälen, waschen und in Scheiben schneiden. Ingwer schälen und fein würfeln.
- Fleisch trockentupfen, in Streifen schneiden und im heißen Öl anbraten. Gemüse und Ingwer zugeben und kurz andünsten. Brühe zugießen und alles 10–15 Minuten garen. Mit Salz, Pfeffer und Sojasauce würzen.
- Schnittlauch waschen und in feine Röllchen schneiden. Sesamsamen über die Suppe streuen.

Tipp

Falls Sie einmal zu viel Suppe gemacht haben: Den Rest rasch abkühlen. Dann garen die Gemüse nicht nach und bleiben bissfest. Stellen Sie den Topf dazu in Eiswasser.

Fruchtsuppe mit Schneeklößen

1 Portion enthält:
ca. 380 Kalorien

Nährstoffreich durch:
Eiweiß
Vitamin C

Zutaten für 3 Portionen:
je 150 g Himbeeren und Brombeeren, 200 g rote Johannisbeeren, 0,7 l Apfelsaft, Saft 1 Limette, 100 g Gelierzucker, 2 Eiweiß, Mark 1/2 Vanilleschote, 2 EL Zucker

Zubereitungszeit: etwa 20 Minuten

- Früchte verlesen, eventuell waschen und trockentupfen. Mit Apfel- und Limettensaft in einen Topf geben. Gelierzucker zugeben und aufkochen, bis der Zucker gelöst ist.
- Eiweiß und Vanillemark sehr steif schlagen. Zucker einrieseln lassen. Aus der Masse mit einem Esslöffel kleine zarte Schaumklöße abstechen und auf die heiße, nicht mehr kochende Suppe setzen.
- Zugedeckt 3 Minuten gar ziehen lassen. Schmeckt heiß und kalt.

Möhrensuppe mit Croutons

1 Portion enthält:
ca. 230 Kalorien

Nährstoffreich durch:
Eiweiß
Vitamine A, B_1, C
Eisen
Zink

Zutaten für 2 Portionen:
250 g Möhren, 1 Zwiebel, $^1/_4$ l Gemüsebrühe, $^1/_8$ l Milch, 2 EL Crème fraîche, jodiertes Salz, Pfeffer, 2 Scheiben Vollkornbrot, Margarine, $^1/_2$ Bund glatte Petersilie

Zubereitungszeit: 30 Minuten

- Möhren schälen und kleinschneiden. Zwiebel abziehen und würfeln. In Brühe 15–20 Minuten garen, pürieren. Milch und Crème fraîche zufügen und die Suppe kurz aufkochen.
- Mit Salz und Pfeffer abschmecken. Brot in Würfel schneiden und im heißen Fett kross braten. Mit der gehackten Petersilie auf die Suppe streuen.

Rettich-Radieschen-Suppe

1 Portion enthält:
ca. 220 Kalorien

Nährstoffreich durch:
Eiweiß
Vitamine B_6, C
Folsäure
Magnesium

Zutaten für 4 Portionen:
1 roter Rettich (ca. 300 g), 1 Bund rote, runde Radieschen, 2 Bund weiße, lange Radieschen, 1 Kartoffel (150 g), 1 Stange Porree (250 g), 3 EL Öl, 100 ml Gemüsebrühe, 1 Becher Crème fraîche (150 g), 25 g Radieschensprossen, 25 g Brunnenkresse oder 1 Kästchen Kresse

Zubereitungszeit: etwa 35 Minuten

- Rettich und Radieschen putzen, waschen und in Scheiben schneiden. Radieschengrün aufbewahren. Einige Radieschenscheiben beiseite legen.
- Kartoffel schälen, waschen und ebenfalls in Scheiben schneiden, Porree putzen, waschen und in Ringe schneiden. Radieschengrün waschen und grob hacken. Alles zusammen in heißem Öl andünsten.
- Brühe angießen und ca. 15 Minuten garen. Mit dem Pürierstab des Handrührgerätes pürieren. Crème fraîche unterrühren (dadurch wird die Suppe schön sahnig) und weitere 5 Minuten garen.
- Radieschensprossen und Kresse abspülen, abtropfen lassen und mit Radieschenscheiben auf die Suppe geben.

Tipps

Radieschen wachsen so schnell heran wie kaum ein anderes Gemüse. Deshalb liefern sie rund ums Jahr Vitamine und Mineralstoffe – auch die grünen Blätter, die in Suppen oder Salaten mitgegessen werden können. Im Plastikbeutel verpackt, bleiben Radieschen im Gemüsefach des Kühlschranks mindestens 3 Tage frisch. Vorher die Blätter abschneiden, da sie den Knollen sonst zu viel Feuchtigkeit entziehen.

Das zarte Radieschengrün lässt sich auch im Keimgerät aus Samen ziehen. Es eignet sich für Salate ebenso wie für Suppen oder als Brotbelag.

Auberginenauflauf

1 Portion enthält:
ca. 410 Kalorien

Nährstoffreich durch:
Eiweiß
Vitamine C, E, Niacin
Kalzium

Zutaten für 2 Personen:
1 große Aubergine (ca. 400 g), 5 EL Olivenöl, jodiertes Salz, Pfeffer, 200 g gemischtes Hackfleisch, $^1/_2$ Knoblauchzehe, $^1/_2$ Paket passierte Tomaten (250 g), $^1/_2$ TL getrockneter Oregano, 1 Mozzarella (125 g)

Zubereitungszeit: etwa 30 Minuten

- Auberginen putzen, waschen und der Länge nach in Scheiben schneiden. In 4 EL heißem Öl portionsweise von beiden Seiten anbraten, salzen, pfeffern.
- Hack im restlichen Öl krümelig braten. Knoblauch abziehen, dazupressen. Passierte Tomaten angießen, aufkochen und mit Salz, Pfeffer und Oregano würzen.
- Eine Auflaufform mit der Hälfte der Auberginen auslegen, Hackmasse darauf geben und mit restlichen Auberginen bedecken. Käse in Scheiben schneiden, darauf verteilen, unter dem Grill ca. 5 Minuten überbacken.

Rotbarsch mit Mandelkruste

1 Portion enthält:
ca. 740 Kalorien

Nährstoffreich durch:
Vitamine B_2, B_{12}, D, E
Jod
Zink

Zutaten für 2 Portionen:
2 Rotbarschfilets (à 200 g), jodiertes Salz, 1 Ei, 1 EL Mehl, 50 g Mandelblättchen, 2 EL Margarine zum Braten

Für die Remoulade:
1 Zwiebel, 1 Gewürzgurke, 1/2 Glas Remouladensauce (etwa 130 g), 130 g Magerquark, 1/2 Paket tiefgefrorener Dill, jodiertes Salz, Pfeffer

Zubereitungszeit: etwa 30 Minuten

- Fisch abspülen, trockentupfen und salzen. Ei mit 2 EL Wasser verquirlen. Fisch zuerst in Mehl, dann im Ei und zuletzt in Mandelblättchen wenden.
- Im heißen Fett von jeder Seite ca. 5 Minuten braten.
- Für die Sauce Zwiebel abziehen, mit den Gurken würfeln. Remoulade, Quark und Dill unterrühren. Mit Salz und Pfeffer abschmecken. Dazu Pellkartoffeln.

Möhren-Kartoffel-Auflauf

1 Portion enthält:
ca. 390 Kalorien

Nährstoffreich durch:
Eiweiß
Vitamine A, B_1, C, E
Kalzium
Magnesium

Zutaten für 4 Portionen:
400 g Möhren, 400 g Kartoffeln, Fett für die Form, 1 Paket Basilikum-Sahnesauce (250 ml), 100 ml Schlagsahne, 1 Ei, 100 g tiefgefrorene Erbsen, 1 Tüte tiefgefrorene Fleischklößchen (200 g), 1 Ecke Kräuterschmelzkäse (50 g)

Zubereitungszeit: etwa 30 Minuten

- Möhren und Kartoffeln schälen. Beides in Scheiben schneiden. In eine ausgefettete, mikrowellengeeignete Auflaufform schichten. Zugedeckt in der Mikrowelle bei 600 Watt 12 Minuten garen.
- Sahnesauce, Sahne und Ei verrühren. Erbsen und Klößchen auf den Kartoffeln verteilen. Sauce darüber gießen. Schmelzkäse in Flöckchen darauf setzen.
- In der Mikrowelle bei 600 Watt weitere 8 Minuten zugedeckt garen.

Fleisch, Geflügel & Gemüse

Es gibt Gerichte, auf die man einfach nicht verzichten mag. Unter gar keinen Umständen – selbst wenn man in anderen Umständen ist. So geht es Ihnen mit einem feinen Stück Fleisch oder Geflügel? Kein Problem. In diesem Kapitel mit Schwerpunkt »Fleischeslust« finden Sie den Geschmack, der nach mehr schmeckt, und zur Not auch jeden lieben Gast beglückt. Vom Schweinefilet mit Himbeeren bis zum klassischen Rumpsteak, von der Hähnchenpfanne bis zum Putengulasch – 25 Rezepte mit Genussgarantie.

Schweinefilet mit Himbeeren

1 Portion enthält:
ca. 250 Kalorien

Nährstoffreich durch:
Eiweiß
Vitamine B_1, B_6, C
Niacin
Eisen

Zutaten für 2 Portionen:
300 g Schweinefilet, 2 EL Öl,
jodiertes Salz, Pfeffer, 200 g Himbeeren,
1 Lauchzwiebel, 8 EL Himbeeressig, Zucker

Zubereitungszeit: etwa 20 Minuten (ohne Kühlzeit)

- Fleisch im heißen Öl rundum anbraten. Mit Salz und Pfeffer würzen und bei mittlerer Hitze 8–10 Minuten weiterbraten.
- Himbeeren verlesen. Lauchzwiebel putzen, waschen und in feine Ringe schneiden.
- Fleisch aus der Pfanne nehmen, Bratensatz mit Essig und 4 EL Wasser ablöschen. Mit Salz, Pfeffer, Zucker abschmecken. Fleisch in dünne Scheiben schneiden. Mit dem ausgetretenen Fleischsaft, Himbeeren und Lauchzwiebeln in den Sud geben und darin abkühlen lassen.

Schweinemedaillons in Blätterteig

1 Portion enthält:
ca. 470 Kalorien

Nährstoffreich durch:
Eiweiß
Vitamine B_1, B_6, B_{12}, C, D
Niacin
Eisen
Kalzium

Zutaten für 4 Stück:
4 Schweinemedaillons (à 80 g), jodiertes Salz, Pfeffer, Öl zum Braten, 2 EL mittelscharfer Senf, 2 TL Provence-Kräutermischung in Öl (Glas), $^1/_2$ Bund glatte Petersilie, 1 Paket tiefgefrorener Blätterteig (5 Platten; 300 g), 1 Ei, 1 EL Sesamsamen

Zubereitungszeit: etwa 35 Minuten

- Fleisch kalt abspülen und trockentupfen. Mit Salz und Pfeffer würzen und im heißen Öl von beiden Seiten 2–3 Minuten anbraten.
- Senf, Kräutermischung und feingehackte Petersilie verrühren. Ei trennen. Blätterteigplatten auftauen lassen und zu Quadraten (16 x 16 cm) ausrollen.
- Schweinemedaillons mit der Senfpaste bestreichen und auf je ein Teigquadrat legen. Teigränder mit Eiweiß bepinseln und über dem Fleisch zusammenklappen, fest andrücken. Die Teigtaschen mit verquirltem Eigelb bepinseln und mit Sesam bestreuen.
- Auf ein mit Backpapier belegtes Blech legen und im Backofen (E-Herd: 200 Grad; Gasherd: Stufe 3) 20 Minuten backen. Dazu schmeckt Salat.

Tipps

»Mille-feuille«, tausend Blätter, so heißt der Blätterteig in Frankreich. Das ist ein bisschen übertrieben, aber etwa 100 einzelne Blätter stecken schon in einem guten Blätterteig. Frisch gebacken und lauwarm serviert schmecken Blätterteigteilchen am besten – egal, ob sie süß oder pikant gefüllt sind.

Ideal ist eine Arbeitsfläche aus Marmor, denn der Blätterteig liebt es kühl und sollte so kalt wie möglich verarbeitet werden.

Schweinefilet mit Kräuterhaube

1 Portion enthält:
ca. 560 Kalorien

Nährstoffreich durch:
Eiweiß
Vitamine B_1, B_6, C
Folsäure
Niacin
Eisen
Kalzium

Zutaten für 4 Portionen:
500 g Schweinefiletspitzen, jodiertes Salz, Pfeffer, 1 TL Öl, 4 Knoblauchzehen, 2 Zwiebeln, 3 Scheiben Toastbrot, 1 Paket tiefgefrorene 8-Kräuter-Mischung (25 g), 1 EL Zitronensaft, 1 Paket Sauce hollandaise (250 g), 1 EL Olivenöl, 500 g tiefgefrorene Bohnen, 250 g Tomaten, 1 Bund Petersilie

Zubereitungszeit: etwa 40 Minuten

- Filets würzen, in eine gefettete Form legen. Knoblauch und Zwiebeln abziehen, fein hacken. Jeweils die Hälfte mit zerbröseltem Brot, Kräutern, Zitronensaft und Sauce hollandaise mischen, würzen. Auf das Fleisch geben und im vorgeheizten Backofen (E-Herd: 220 Grad; Gasherd: Stufe 4) 20–30 Minuten braten.
- Restliche Zwiebeln und Knoblauch im heißen Öl andünsten. Bohnen und 50 ml Wasser zufügen, 15 Minuten garen. Tomaten waschen, entkernen, würfeln. Kurz mitgaren, würzen und mit gehackter Petersilie bestreuen.

Gefüllte Schnitzel

1 Portion enthält:
ca. 375 Kalorien

Nährstoffreich durch:
Eiweiß
Vitamine B_1, B_6, B_{12}, C
Niacin
Eisen

Zutaten für 2 Portionen:
2 Schweineschnitzel (à 150 g), jodiertes Salz, Pfeffer, Paprikapulver, 1 Scheibe Kochschinken (50 g), 80 g Champignons, 1 TL Senf, 2 TL Kapern, $^1/_2$ Bund Dill, 2 EL Öl

Zubereitungszeit: etwa 20 Minuten

- Fleisch abspülen, trockentupfen und schön flach klopfen. Mit Salz, Pfeffer und Paprika würzen.
- Schinken fein würfeln. Champignons waschen, putzen und in Würfel schneiden. Pilze und Schinken mischen, mit Salz und Pfeffer würzen. Senf, Kapern und 1 EL Kapernflüssigkeit unterrühren. Dill waschen, fein hacken, zufügen.
- Die Füllung auf dem Fleisch verteilen, zusammenklappen und mit einem Zahnstocher zusammenstecken. Fett erhitzen, Schnitzel von beiden Seiten anbraten und bei schwacher Hitze 6 Minuten garen.
- Zur vitaminreichen Köstlichkeit passen Nudeln oder Reis.

Putenrouladen

1 Portion enthält:
ca. 600 Kalorien

Nährstoffreich durch:
Eiweiß
Vitamine A, C, E
Folsäure
Eisen

Zutaten für 2 Portionen:
2 Putenschnitzel (375 g), 1 TL Thymian-Kräuterpaste, 2 Scheiben gekochter Schinken (100 g), 2 El Öl, $^1/_4$ l Wasser, 1 Schächtelchen Tomatensauce (für $^1/_4$ l), 1 EL Crème fraîche

Zubereitungszeit: etwa 30 Minuten

- Putenschnitzel trockentupfen und mit der Kräuterpaste bestreichen. Schinken darauf legen und aufrollen. Die Rouladen mit einem Holzstäbchen zusammenstecken. Im heißen Öl rundherum anbraten.
- Wasser angießen und 20 Minuten schmoren lassen. Saucenpulver einrühren, einmal aufkochen. Crème fraîche einrühren.
- Beilagen: Bandnudeln und Möhrengemüse.

Gemüsepfanne mit Huhn

1 Portion enthält:
ca. 380 Kalorien

Nährstoffreich durch:
Eiweiß
Vitamine A, B_6, C, E
Folsäure
Niacin
Eisen
Kalzium

Zutaten für 3 Portionen:
300 g Hähnchenbrustfilet, 300 g Möhren, $^1/_2$ Weißkohl (350 g), 50 g Cashewkerne, 2 EL Öl, Chinagewürz, 40 g Rosinen, jodiertes Salz, Pfeffer, Sojasauce, 1 Bund Schnittlauch

Zubereitungszeit: etwa 25 Minuten

- Hähnchenbrust abspülen, trockentupfen und in Streifen schneiden.
- Möhren schälen, waschen und in dünne Stifte schneiden. Kohl putzen, den Strunk herausholen und in Streifen schneiden. Nüsse grob hacken.
- Hähnchenfleisch im heißen Öl anbraten, mit Chinagewürz würzen. Gemüse, Nüsse und Rosinen zugeben und unter ständigem Rühren bissfest garen. Mit Salz, Pfeffer und Sojasauce abschmecken. Schnittlauch in Röllchen schneiden und darüber streuen.
- Dazu schmeckt Reis.

Tipp

Etwas exotischer wird das Ganze, wenn Sie dazu chinesische Nudeln servieren.

Gefüllte Hähnchenbrust

1 Portion enthält:
ca. 240 Kalorien

Nährstoffreich durch:
Eiweiß
Vitamin C
Niacin
Eisen

Zutaten für 4 Portionen:
2 Hähnchenbrustfilets (600 g),
50 g Pistazien, 1 Zwiebel, 1 EL Öl,
1/2 Bund Thymian, jodiertes Salz, Pfeffer,
abgeriebene Schale einer unbehandelten
Zitrone

Zubereitungszeit: etwa 20 Minuten

- Hähnchenbrüste in der Mitte teilen, abspülen, trockentupfen, längs eine Tasche hineinschneiden.
- Pistazien in einer Pfanne ohne Fett rösten, hacken. Zwiebel abziehen, würfeln und in 1 TL heißem Öl andünsten. Thymianblättchen fein hacken, mit Pistazien, Zwiebel, Salz, Pfeffer und Zitronenschale vermischen.
- Masse in die Hähnchenbrüste füllen und mit einem Holzspieß zustecken. Im restlichen Öl ca. 12 Minuten braten.

Tipp
Schmeckt auch kalt ganz wunderbar.

Reissalat mit Hähnchenbrust

1 Portion enthält:
ca. 510 Kalorien

Nährstoffreich durch:
Eiweiß
Vitamine B_1, B_6, C, D, E
Niacin
Eisen
Magnesium

Zutaten für 4 Portionen:
75 g Langkorn-Wildreismischung, 150 ml Gemüsebrühe (Instant), 1 Salatgurke, 1 Bund Lauchzwiebeln, 1 Römersalat, 1 Avocado, 4 EL Zitronensaft, 4 EL Olivenöl, jodiertes Salz, Zitronenpfeffer, 1 Bund glatte Petersilie, 500 g Hähnchenbrustfilet, 2 EL Sonnenblumenöl

Zubereitungszeit: etwa 50 Minuten (ohne Kühlzeit)

- Reis in kochender Gemüsebrühe ca. 30 Minuten garen, abkühlen lassen. Gurke schälen, entkernen, würfeln. Lauchzwiebeln putzen, waschen, in Ringe schneiden. Römersalat putzen, waschen, abtropfen lassen und zerzupfen. Avocado halbieren, entsteinen, schälen. Fruchtfleisch in Spalten schneiden, mit 2 EL Zitronensaft beträufeln.
- Für die Marinade: restlichen Zitronensaft, Olivenöl, Salz, Zitronenpfeffer und gehackte Petersilie verrühren. Mit den vorbereiteten Salatzutaten mischen.
- Hähnchenbrustfilet abspülen, trockentupfen. Im heißen Öl rundum anbraten. Etwa 10 Minuten zugedeckt bei mittlerer Hitze weiterbraten. Mit Salz und Zitronenpfeffer würzen.
- In Scheiben schneiden und auf dem Salat anrichten.

Putenbrust auf geschmortem Gemüse

1 Portion enthält:
ca. 330 Kalorien

Nährstoffreich durch:
Eiweiß
Vitamine C, E
Folsäure
Eisen

Zutaten für 4 Portionen:
je 1 rote, grüne und gelbe Paprikaschote, 1 Gemüsezwiebel, 1 Aubergine (300 g), 1/2 Zitrone, 750 g Putenbrust, 2 EL Olivenöl, einige Zweige Thymian, 1 Zweig Rosmarin, jodiertes Salz, Pfeffer

Zubereitungszeit: etwa 60 Minuten

- Paprika putzen, waschen, in Streifen schneiden. Zwiebel abziehen, grob würfeln. Aubergine putzen, waschen, halbieren und in Scheiben schneiden. Zitrone heiß abspülen, vierteln und in Scheiben schneiden.
- Fleisch abspülen und in einen (ca. 35 cm langen) Bratschlauch legen. Gemüse und Zitrone um das Fleisch verteilen. Olivenöl, Kräuter und Gewürze zufügen. Schlauch an den Enden verschließen.
- Auf ein Backblech legen, Bratschlauch dreimal einstechen und im Backofen (E- und Gasherd: 200 Grad) 45 Minuten garen. Mit Baguette genießen!

Hähnchenbrust mit Tomatengemüse

1 Portion enthält:
ca. 350 Kalorien

Nährstoffreich durch:
Eiweiß
Vitamine C, E
Folsäure
Niacin
Eisen

Zutaten für 2 Portionen:
2 Hähnchenbrustfilets (400 g), Saft von einer Zitrone, jodiertes Salz, Pfeffer, 170 g Zucchini, 250 g Tomaten, 1 Zwiebel, 1 Knoblauchzehe, 3 EL Olivenöl, 1 Prise Zucker, 1 EL Sherry-Essig, 1/2 Bund Petersilie

Zubereitungszeit: 40 Minuten (ohne Marinierzeit)

- Hähnchenbrustfilets abspülen und trockentupfen. Zitronensaft mit Salz und Pfeffer verrühren, über das Fleisch gießen. 1 Stunde im Kühlschrank marinieren.
- Zucchini putzen, waschen, in Stifte schneiden. Zwiebel und Knoblauch abziehen, würfeln.
- Hähnchenfleisch aus der Marinade nehmen, trockentupfen und im heißen Öl ca. 10 Minuten braten, warm stellen.
- Zwiebel, Knoblauch und Zucchini im Bratfett andünsten. Tomaten zufügen und 5 Minuten garen. Mit Salz, Pfeffer, Zucker und Essig abschmecken. Petersilie hacken und unterrühren.
- Gemüse zum Fleisch essen. Dazu passt Baguettebrot.

Hähnchenpfanne

1 Portion enthält:
ca. 300 Kalorien

Nährstoffreich durch:
Eiweiß
Vitamine A, C, E
Niacin
Eisen
Kalzium

Zutaten für 2 Portionen:
200 g Hähnchenbrust, 400 g Zuckerschoten, 150 g Schiitake-Pilze, 2 EL Öl, 1/2 Tasse Gemüsebrühe (Instant), 1–2 EL Sojasauce, jodiertes Salz, Pfeffer, Chinagewürz

Zubereitungszeit: etwa 25 Minuten

- Hähnchenbrust in Streifen schneiden. Zuckerschoten putzen und waschen. Pilze mit einem Pinsel säubern und je nach Größe halbieren oder vierteln.
- Hähnchenbrust im heißen Öl von allen Seiten anbraten. Zuckerschoten und Pilze zugeben und kurz mitbraten. Brühe angießen. Zugedeckt ca. 5 Minuten dünsten. Mit Sojasauce und Gewürzen abschmecken.
- Zu dieser cholesterinarmen Mahlzeit passt Naturreis.

Putengulasch mit Sauerkraut

1 Portion enthält:
ca. 410 Kalorien

Nährstoffreich durch:
Eiweiß
Vitamine A, D
Eisen
Kalzium
Zink

Zutaten für 4 Portionen:
1 Zwiebel, 20 g Butterschmalz, 450 g gewürztes Truthahn-Puszta-Gulasch, 500 g Sauerkraut (Dose), jodiertes Salz, Pfeffer, 1 TL Zucker, 1 EL Paprikapulver, edelsüß, $^1/_8$ l Gemüsebrühe, 4 EL saure Sahne

Zubereitungszeit: etwa 20 Minuten

- Zwiebel abziehen, würfeln. Fett erhitzen, Putengulasch darin anbraten. Zwiebel zugeben, mitbraten.
- Abgetropftes Sauerkraut zugeben, unterheben und würzen. Brühe angießen und alles 15 Minuten garen. Saure Sahne darübergeben.
- Zum leckeren Gulaschtopf schmecken Salzkartoffeln oder sahniges Kartoffelpüree.

Tipp

Feurig wird dieses Gulasch durch scharfes Paprikapulver und Cayennepfeffer.

Schnittlauchkartoffeln mit Schinken

1 Portion enthält:
ca. 250 Kalorien

Nährstoffreich durch:
Eiweiß
Vitamine B_2, C
Kalzium
Magnesium
Zink

Zutaten für 1 Portion:
250 g Kartoffeln, 1/2 Tasse Gemüsebrühe, 1 EL Crème fraîche, 50 g Lachsschinken, 1/2 Bund Schnittlauch

Zubereitungszeit: etwa 20 Minuten

- Kartoffeln schälen und in der halben Tasse Gemüsebrühe garen.
- 1 EL Crème fraîche und 2 EL Schnittlauchröllchen zugeben.
- Den Lachsschinken dazu essen.

Rumpsteak mit Folienkartoffel

1 Portion enthält:
ca. 480 Kalorien

Nährstoffreich durch:
Eiweiß
Vitamine B_1,B_2, C
Niacin
Eisen
Magnesium
Zink

Zutaten für 2 Portionen:
2 große Kartoffeln, Kräuterquark (100 g), 2 Rumpsteaks (à 200 g), Öl zum Einpinseln, 2 EL Öl, 2 EL Butter, jodiertes Salz, Pfeffer

Zubereitungszeit: etwa 90 Minuten

- Kartoffeln waschen, in Alufolie einwickeln und im Backofen (E-Herd: 200 Grad; Gasherd: Stufe 3) 90 Minuten garen.
- Alufolie öffnen, Kartoffel kreuzweise einritzen, unten leicht zusammendrücken, mit Kräuterquark füllen.
- Steaks abspülen, mit Küchenpapier trockentupfen. Den Fettrand mehrmals einschneiden. Die Steaks mit Öl einpinseln.
- Restliches Öl in einer Pfanne aus Gusseisen oder Emaille stark erhitzen. Fleisch von jeder Seite 1 Minute braten. Hitze reduzieren und bei mittlerer Hitze nach Wunsch fertig braten. Butter zugeben, würzen.

Filetsteak mit Buttermais

1 Portion enthält:
ca. 350 Kalorien

Nährstoffreich durch:
Eiweiß
Vitamine A, B_2, C
Folsäure
Niacin
Eisen
Magnesium

Zutaten für 1 Portion:
1 kleines Rinderfiletsteak (75 g), 1 TL Öl, jodiertes Salz, Steakpfeffer, 1 kleine Dose Mais (150 g), 1 TL Butter oder Margarine, 1 Bund Petersilie, Pfeffer, Muskat, 1 Scheibe Vollkorntoast (30 g)

Zubereitungszeit: etwa 10 Minuten

- Fleisch trockentupfen. Im heißen Öl von jeder Seite 2 Minuten braten und würzen. Mais abtropfen lassen und im heißen Fett andünsten. Petersilie waschen, trockenschütteln und hacken. Unter den Mais mischen.
- Brot toasten. Steak und Gemüse dazu essen.

Tipp

Wer lieber Geflügel mag, kann statt Rindfleisch auch 100 g Hühnerbrust braten.

Hüftsteak mit Kartoffelachteln

1 Portion enthält:
ca. 1100 Kalorien

Nährstoffreich durch:
Eiweiß
Vitamine A, C, D
Folsäure
Eisen
Magnesium
Zink

Zutaten für 2 Portionen:
2 Hüftsteaks (à 150 g), 350 g Kartoffeln, 100 g durchwachsener Speck, 1 Glas Silberzwiebeln (190 g), 3 EL Öl, jodiertes Salz, Pfeffer, 1 Bund Petersilie, 2 Scheiben Tomate, 2 Scheiben Kräuterbutter (40 g)

Zubereitungszeit: etwa 35 Minuten

- Steaks abspülen und trockentupfen. Kartoffeln schälen, waschen und achteln. Speck in Streifen schneiden. Zwiebeln abtropfen lassen.
- Steaks im heißen Öl von beiden Seiten 3 Minuten braten. Herausnehmen und in Alufolie wickeln.
- Speck in die Pfanne geben, anbraten. Kartoffeln und Zwiebeln ebenfalls zufügen und 10–15 Minuten mitbraten. Würzen und mit gehackter Petersilie bestreuen.
- Steaks mit je einer Scheibe Tomate und Kräuterbutter belegen.

Lammkoteletts mit Käsekruste

1 Portion enthält:
ca. 790 Kalorien

Nährstoffreich durch:
Eiweiß
Vitamine A, B_2, B_6, C, D
Folsäure
Eisen
Jod
Kalzium
Zink

Zutaten für 2 Portionen:
2 doppelte Lammkoteletts, jodiertes Salz, Pfeffer, 2 Scheiben Vollkorn-Toastbrot, 1 Knoblauchzehe, $^1/_2$ Bund Petersilie, 5 EL geriebener Parmesan, 2 Eier, 2 Tomaten (150 g)

Zubereitungszeit: etwa 20 Minuten

- Koteletts abspülen, trockentupfen und würzen. Toast entrinden und hacken. Knoblauch abziehen, dazupressen. Mit gehackter Petersilie, Käse und Eiern verkneten, mit Salz und Pfeffer würzen. Tomaten waschen, Stielansatz entfernen.
- Oberseite über Kreuz einritzen und die Tomatenhaut aufklappen, salzen und pfeffern.
- Tomaten 5 Minuten, Koteletts von beiden Seiten 2–3 Minuten im Backofen grillen. Mit der Käsemasse bestreichen und nochmals kurz übergrillen.

Gefüllte Paprikaschoten

1 Portion enthält:
ca. 375 Kalorien

Nährstoffreich durch:
Eiweiß
Vitamine B_2, B_{12}, C
Folsäure
Kalzium
Magnesium

Zutaten für 2 Portionen:
1 Zwiebel, 50 g Vollkornreis, 100 ml Fleischbrühe (Instant), 200 g Tatar, 2 EL Magerquark, jodiertes Salz, Pfeffer, Paprikapulver, edelsüß, 2 Paprikaschoten, 1 Paket passierte Tomaten (500 g), Zucker, 1 Bund Thymian, 1 Knoblauchzehe

Zubereitungszeit: etwa 1 1/4 Stunden

- Zwiebel abziehen, würfeln. Mit dem Reis in der Brühe ca. 15 Minuten garen, abkühlen lassen. Mit Tatar, Quark und den Gewürzen gründlich verkneten.
- Von den Paprikaschoten einen Deckel abschneiden. Schoten entkernen, waschen und mit der Hackmasse füllen. Deckel wieder draufsetzen.
- Tomatenpüree mit Salz, Pfeffer, Zucker und abgezupften Thymianblättchen würzen. Knoblauch abziehen, dazupressen.
- In eine Auflaufform gießen und die Paprika hineinsetzen. Im Backofen (E- und Gasherd: 200 Grad) ca. 45 Minuten garen. Dazu schmeckt Reis.

Tipps

Kochen Sie am besten gleich die doppelte Menge dieses leichtgewichtigen »Klassikers«, und frieren Sie die restlichen Portionen ein.

Grüner Paprika schmeckt am intensivsten, wird aber leider nicht von jedem gut vertragen. Als Alternative nehmen Sie rote oder gelbe Paprikaschoten.

Ratatouille

1 Portion enthält:
ca. 210 Kalorien

Nährstoffreich durch:
Eiweiß
Vitamine A, C, E
Folsäure

Zutaten für 4 Portionen:
500 g Tomaten, je 1 grüne, rote, gelbe Paprikaschote, 2 Zucchini (300 g), 250 g Auberginen, 1 Gemüsezwiebel, 3 Knoblauchzehen, 4 EL Olivenöl, je 1 Zweig Rosmarin und Thymian, $^{1}/_{8}$ l Gemüsebrühe, jodiertes Salz, Pfeffer, 2 EL kaltgepresstes Olivenöl

Zubereitungszeit: etwa 45 Minuten

- Tomaten mit kochendem Wasser überbrühen, häuten und entkernen. In grobe Würfel schneiden. Paprikaschoten mit dem Sparschäler dünn schälen, halbieren, entkernen, waschen und klein schneiden.
- Zucchini und Auberginen putzen, waschen und grob würfeln. Zwiebel abziehen, in feine Ringe schneiden. Knoblauch abziehen und würfeln.
- Zwiebel und Knoblauch im heißen Öl glasig dünsten.
- Nach etwa 3 Minuten Paprika, Zucchini, Auberginen, Rosmarin und Thymian zugeben und im geschlossenen Topf 15 Minuten schmoren. Anschließend die Tomaten und Brühe zufügen und weitere 10 Minuten schmoren lassen.
- Mit Salz und frisch gemahlenem Pfeffer abschmecken. Olivenöl unterrühren.

Tipp

Ob grün, gelb oder rot – Paprika schmeckt ohne Schale feiner und ist leichter verdaulich. Die Schoten einfach mit einem Sparschäler schälen. Dann halbieren, entstielen, entkernen und die weißen Trennwände herausschneiden.

Gemüsezwiebeln sind milder im Geschmack als die herkömmlichen Küchenzwiebeln. Auch roh schmecken sie sehr gut und belasten den Magen weniger.

Reispfanne mit Ei

1 Portion enthält:
ca. 600 Kalorien

Nährstoffreich durch:
Eiweiß
Vitamine A, B_1, C, D
Jod
Magnesium
Zink

Zutaten für 2 Personen:
160 g Vollkornreis, jodiertes Salz, 100 g gekochter Schinken, 1 rote Zwiebel, 2 EL Butterschmalz, 150 g tiefgefrorene Erbsen, Pfeffer, 2 Eier, 100 g geriebener Gouda, $^1/_2$ Bund Schnittlauch

Zubereitungszeit: etwa 30 Minuten

- 350 ml Salzwasser zum Kochen bringen, den Reis zugedeckt 20 Minuten ausquellen lassen.
- Schinken würfeln, Zwiebel abziehen und in Scheiben schneiden. Beides anbraten. Reis und Erbsen zugeben. Mit Salz und Pfeffer würzen.
- Zwei Vertiefungen in den Reis drücken und je ein aufgeschlagenes Ei hineingeben. Käse darüber streuen.
- Das Pfannengericht zugedeckt ca. 5 Minuten stocken lassen. Mit Schnittlauchröllchen bestreuen.

Geflügelleber mit Blattsalat und Himbeeren

1 Portion enthält:
ca. 480 Kalorien

Nährstoffreich durch:
Eiweiß
Vitamine A, B_1, C, E
Zink

Zutaten für 4 Portionen:
1 Kopf Bataviasalat, 1/2 Kopf Friséesalat, 2 Schalotten, 250 g Himbeeren, 500 g Geflügelleber, 100 ml Sonnenblumenöl, jodiertes Salz, weißer Pfeffer, 100 ml Himbeeressig, 1 Prise Zucker

Zubereitungszeit: etwa 40 Minuten

- Batavia- und Friséesalat putzen, waschen, abtropfen lassen und zerzupfen. Schalotten abziehen, fein würfeln. Himbeeren verlesen, vorsichtig mit Salat und Schalotten mischen.
- Geflügelleber abspülen, trockentupfen, Sehnen herausschneiden.
- In 3 EL heißem Öl rundum 4–6 Minuten braten, salzen, pfeffern, herausnehmen. Bratensatz mit Himbeeressig ablöschen, restliches Öl unterrühren, mit Salz, Pfeffer und Zucker würzen. Himbeeressigmarinade über dem Salat verteilen. Geflügelleber darauf anrichten.

Leberrisotto

1 Portion enthält:
ca. 415 Kalorien

Nährstoffreich durch:
Vitamine A, B_1, C, E
Folsäure
Kalzium
Magnesium
Zink

Zutaten für 2 Portionen:
250 g Zucchini, 1 rote Zwiebel, 1 Knoblauchzehe, 300 g Putenleber, 2 EL Olivenöl, 100 g Vollkornreis, 150 ml Gemüsebrühe, jodiertes Salz, Pfeffer, 50 g Parmesankäse

Zubereitungszeit: etwa 35 Minuten

- Zucchini putzen, waschen und in Scheiben schneiden. Zwiebel und Knoblauch abziehen, fein würfeln. Putenleber abspülen, trockentupfen, in Streifen schneiden.
- Leber, Zwiebel und Knoblauch im heißen Öl anbraten. Herausnehmen.
- Reis im Bratfett andünsten. Brühe angießen. Bei schwacher Hitze 20 Minuten garen.
- Zucchini und Leber zum Reis geben und noch 5 Minuten weitergaren. Mit Salz und Pfeffer würzen. Zum Schluss mit geriebenem Parmesan bestreuen.

Lebergulasch

1 Portion enthält:
ca. 430 Kalorien

Nährstoffreich durch:
Eiweiß
Vitamine A, B_1, B_2, C, D
Niacin
Zink

Zutaten für 3 Portionen:
500 g Rinderleber, 2 Zwiebeln, 3 Scheiben Ananas (Dose), 1 Apfel (150 g), 3 EL Öl, 1/8 l Fleischbrühe, 1/2 Tasse Ananassaft, jodiertes Salz, Pfeffer, Currypulver, 2–3 EL Saucenbinder für dunkle Saucen

Zubereitungszeit: etwa 30 Minuten

- Leber abspülen, trockentupfen und würfeln. Zwiebeln abziehen und in Streifen schneiden. Ananas in Stücke schneiden. Apfel schälen, vierteln, entkernen und in Spalten schneiden.
- Leber in heißem Öl von allen Seiten anbraten. Zwiebel und Apfelspalten kurz mitdünsten. Mit Brühe und Ananassaft ablöschen, 5 Minuten garen. Ananas zufügen, würzen und andicken. Dazu Reis.

Ratatouillesalat mit Lamm

1 Portion enthält:
ca. 290 Kalorien

Nährstoffreich durch:
Eiweiß
Vitamine C, D, E
Folsäure

Zutaten für 4 Portionen:
je 1 rote und gelbe Paprikaschote (à 200 g), 1 Zucchini (300 g), 1 Aubergine (300 g), 2 Zwiebeln, 2 Knoblauchzehen, 3 EL Olivenöl, 1 Zweig Rosmarin, jodiertes Salz, Pfeffer

Für die Sauce:
1 Fleischtomate (300 g), 1–2 EL Balsamessig, 1 EL Olivenöl, 3 Zweige Thymian, Zucker

Außerdem:
2 Lammlachse (ausgelöste Rückenstränge à 175 g), 2 EL Öl

Zubereitungszeit: etwa 40 Minuten

- Gemüse putzen, waschen und in Stücke schneiden. Zwiebeln und Knoblauch abziehen. Zwiebeln in Spalten schneiden, Knoblauch durchpressen. Mit dem Gemüse im heißen Öl 4–5 Minuten dünsten. Gehackte Rosmarinnadeln zugeben und mit Salz und Pfeffer würzen.
- Für die Sauce die Tomate mit kochendem Wasser überbrühen, häuten und entkernen. Mit dem Schneidestab des Handrührgerätes pürieren. Essig und Öl zugeben, mit Salz, Pfeffer und Zucker abschmecken. Abgezupfte Thymianblättchen einrühren.
- Lammlachse im heißen Öl bei starker Hitze 3 Minuten rundum anbraten. Bei mittlerer Hitze 7–8 Minuten weiterbraten.
- Mit Salz und Pfeffer würzen. In Scheiben schneiden und zum lauwarmen Ratatouillesalat mit Tomatensauce essen.

Fleischspieße

1 Portion enthält:
ca. 340 Kalorien

Nährstoffreich durch:
Eiweiß
Vitamine B_1, B_6, C, E
Niacin
Eisen

Zutaten für 1 Portion:
125 g Schweinefilet, 1 rote Paprikaschote (100 g), 1 Zucchini (100 g), 1 TL Öl, jodiertes Salz, Pfeffer, $^1/_2$ TL getrocknetes Basilikum

Zubereitungszeit: 20 Minuten

- Schweinefilet würfeln. Paprikaschote und Zucchini putzen, waschen und in grobe Stücke bzw. Scheiben schneiden.
- Fleisch und Gemüse abwechselnd auf 1–2 Spieße stecken. Öl mit Gewürzen verrühren und die Spieße damit einpinseln.
- In einer beschichteten Pfanne ca. 8–10 Minuten braten oder grillen. Vollkornreis passt am besten dazu.

Verzeichnis der Rezepte

Die Autorin

Birgit Zebothsen ist freie Journalistin mit langjähriger Erfahrung im Gesundheits- und Diätbereich. Im Midena Verlag ist von ihr bereits der Titel »Abnehmen nach der Schwangerschaft« erschienen.

Wichtiger Hinweis

Die im Buch veröffentlichten Ratschläge und Rezepte wurden mit größter Sorgfalt von Verfasserin und Verlag erarbeitet und geprüft. Eine Garantie kann jedoch nicht übernommen werden. Ebenso ist eine Haftung der Verfasserin bzw. des Verlages und seiner Beauftragten für Personen-, Sach- oder Vermögensschäden ausgeschlossen. Bei der Anwendung in Beratungsgesprächen, im Unterricht und in Kursen ist auf dieses Buch hinzuweisen.

Bildnachweis

Umschlagfoto: Silvia Lammertz, Haare/Make up: Birgit Rößler, Mode: C&A
Food-Fotos: Axel Springer Verlag, Hamburg
Fotos S. 2 von StockFood, Andrea Wachler und S. 6 von Premium-StockImage

Impressum

Midena Verlag, München

Lektorat: Carina Janßen
Redaktion: Dr. Judith Schuler, Wasserburg
Herstellung: Marion Kraus
Umschlagkonzeption: Kontrapunkt, Kopenhagen
Innenlayout: Peter Engel, Grünwald
Satz: KL-Grafik, München
Reproduktion: Mayr Reprotechnik GmbH, Donauwörth

Printed in Germany

ISBN 3-310-00610-7